Perfekt geplant oder genial improvisiert?

Sylvia Schroll-Machl & Ivan Nový

Perfekt geplant oder genial improvisiert?

Kulturunterschiede
in der deutsch-tschechischen Zusammenarbeit

Rainer Hampp Verlag   München und Mering 2000

Die Deutsche Bibliothek - CIP-Einheitsaufnahme

Schroll-Machl, Sylvia:
Perfekt geplant oder genial improvisiert? : Kulturunterschiede in der deutsch-tschechischen Zusammenarbeit / Sylvia Schroll-Machl ; Ivan Nový - München ; Mering : Hampp, 2000
 ISBN 3-87988-451-X

Liebe Leserinnen und Leser!
Wir wollen Ihnen ein gutes Buch liefern. Wenn Sie aus irgendwelchen Gründen nicht zufrieden sind, wenden Sie sich bitte an uns.

∞   *Dieses Buch ist auf säurefreiem und chlorfrei gebleichtem Papier gedruckt.*

© 2000   Rainer Hampp Verlag München und Mering
 Meringerzeller Str. 16 D - 86415 Mering
 Internet: http://www.hampp.de

Alle Rechte vorbehalten. Dieses Werk einschließlich aller seiner Teile ist urheberrechtlich geschützt. Jede Verwertung außerhalb der engen Grenzen des Urheberrechtsgesetzes ist ohne schriftliche Zustimmung des Verlags unzulässig und strafbar. Das gilt insbesondere für Vervielfältigungen, Mikroverfilmungen, Übersetzungen und die Einspeicherung in elektronische Systeme.

Inhaltsverzeichnis

Vorwort von Alexander Thomas — 3

Einleitung — 9

1. **Kultur und Management - Einige theoretische und methodische Grundlagen** — 11

2. **Tschechische und (west)deutsche Kulturstandards im Vergleich** — 28

2.1. Personbezug versus Sachbezug — 28

2.2. Abwertung von Strukturen versus Aufwertung von Strukturen — 41

2.3. Simultanität versus Konsekutivität — 55

2.4. Personorientierte Kontrolle versus regelorientierte Kontrolle — 62

2.5. Diffusion von Persönlichkeits- und Lebensbereichen versus Trennung von Persönlichkeits- und Lebensbereichen — 82

2.6. Starker Kontext versus schwacher Kontext — 104

2.7. Konfliktvermeidung versus Konfliktkonfrontation — 117

2.8. Schwankende Selbstsicherheit versus stabile Selbstsicherheit — 129

3. **Der Transformationsprozeß von einem sozialistischen zu einem marktwirtschaftlichen System** — 143

4. **Fallbeispiele** — 158

5. **Wege zum gemeinsamen Erfolg** — 169

Nachwort der Autoren — 179

Literaturverzeichnis — 180

Zu den Autoren — 183

Vorwort

In einer sich immer schneller internationalisierenden und globalisierenden Welt wächst die Anzahl der Personen, die beruflich und privat mit Menschen aus anderen Kulturen zusammenarbeiten und zusammenleben wollen und müssen. Um die dabei auftretenden Leistungsanforderungen bewältigen zu können, bedarf es einer nationale und kulturelle Grenzen überschreitenden Verständigung. Das Erlernen und Beherrschen von Fremdsprachen reicht allerdings nicht aus, wirkliche interpersonale Verständigung zu garantieren. Eine vertiefte Kommunikation von Mensch zu Mensch wird durch die Beherrschung der Sprache des anderen oder durch die Verständigung über eine von beiden beherrschte dritte Fremdsprache zwar oft erst ermöglicht und auf jeden Fall erleichtert, aber ob sich die Partner wirklich verstehen, d.h. ihre wechselseitigen Wünsche, Erwartungen, Ziele und insbesondere ihre Wertvorstellungen, Normen und Verhaltensregeln so aufnehmen und interpretieren können, wie der Partner selbst es sieht und verstanden haben will, ist keineswegs gewährleistet. Toleranz, Interesse am Fremden, Sensibilität für Andersartigkeiten, ein gewisses Maß an sozialer Feinfühligkeit, Anpassungsfähigkeit, Kommunikations- und Sprachkompetenz sind zwar gute Voraussetzungen für eine erfolgreiche internationale und interkulturelle Zusammenarbeit, aber all das ist keine Garantie dafür, daß sich - gleichsam von selbst - interkulturelle Handlungskompetenz entwickelt.

Mit der internationalen Vernetzung wachsen auch die Anforderungen an die Qualität interkultureller Kommunikation und Kooperation. Es reicht nicht mehr aus, einfach nur mit einem fremdkulturellen Partner irgendwie kommunizieren und sich austauschen zu können. In einem z.B. international zusammengesetzten Arbeitsteam geht es darum, ein gemeinsames Arbeitsziel zu definieren, sich mit ihm zu identifizieren und es zu erreichen, und dies unter den Bedingungen einer möglichst optimalen Gruppenatmosphäre, die es allen beteiligten Partnern ermöglicht, ihre Potentiale zu optimieren. Kurz gesagt, die Quantität und die Qualität interkultureller Begegnungen nehmen in einem so rasanten Tempo zu, daß man ernsthaft zweifeln kann, ob die in diesen Prozeß einbezogenen Personen die erforderlichen interkulturellen Handlungskompetenzen auch erbringen können.

Nun läßt sich beobachten, daß sich die internationale Verflechtung im Berufs- und Alltagsleben nicht auf alle Kulturen und Nationen gleichrangig verteilt, sondern daß intensivere Beziehungen zu naheliegenden, evtl. benachbarten Nationen gepflegt werden, wohingegen weniger intensive Beziehungen zu geographisch weiter entfernten Ländern und Kulturen vorhanden sind. Insgesamt finden innerhalb der Europäischen Union mehr grenzüberschreitende und damit interkulturelle Begegnungen statt - in vielen Berufsbereichen gehören sie schon zum Alltag - als z.B. zwischen Deutschen und Ostasiaten oder Afrikanern. Zwischen Menschen aus Nationen und Kulturen, die geographisch nahe beieinander liegen und von denen deshalb anzunehmen ist, daß es schon über viele Generationen hinweg einen intensiven gegenseitigen Austausch gibt, müßte, so könnte man vermuten, ein interkulturelles Verstehen sehr viel leichter herzustellen sein als zwischen Personen aus sehr entfernten Nationen resp. Kulturen. Die geographische Nähe erleichtert den gegenseitigen Kontakt, führt zu intensiverem Kennenlernen, erleichtert den Aufbau gegenseitiger Sympathien, die wiederum zu einer Intensivierung des Kontaktes und des Austausches beitragen und über längere Zeiträume hinweg eventuell ein hohes Maß an Ähnlichkeit in Einstellungen, Wertvorstellungen und Verhaltensweisen zur Folge haben. So könnte man, bezogen auf die Deutschen, vermuten, daß Menschen aus benachbarten Ländern, wie aus Frankreich, den Niederlanden oder auch aus Tschechien, leichter zueinander finden, engere Beziehungen pflegen, ein höheres Maß an gegenseitigem Verständnis, aber auch an Einstellungs- und Verhaltensähnlichkeiten, aufweisen. Man könnte sogar vermuten, daß sie ein sehr viel ähnlicheres kulturspezifisches Orientierungssystem mit identischen Kulturstandards aufweisen, als dies zwischen Deutschen und Russen, Spaniern oder sogar Japanern der Fall ist.

Viele Fach- und Führungskräfte aus Wirtschaft, Verwaltung und Politik, die besonders im Rahmen der europäischen Integration mit Menschen aus anderen europäischen Ländern zu tun hatten, sind oft von der Erwartung ausgegangen, daß eine Zusammenarbeit zwischen Europäern sehr viel problemloser und verständnisvoller verläuft als mit nicht-europäischen Partnern, bis sie dann schmerzhaft erfahren mußten, daß kulturbedingte Unterschiede selbst zwischen Menschen aus benachbarten Nationen bzw. Kulturen das gegenseitige Verstehen und eine reibungslose Kooperation unmöglich machten oder doch zumindest erheblich erschwerten. Fassungslos stehen plötzlich Deutsche und Franzosen in einer deutsch-französischen Arbeitsgruppe zur Entwicklung eines spezifischen Produktes, Marketing-Konzeptes oder der Entwicklung technischer Verfahren vor dem Problem, daß die gegenseitige Verständigung und Zusammenarbeit kontinuierlich belastet ist durch Mißverständnisse, Einstellungen und Verhaltensweisen, die der Partner nicht versteht und nicht zu akzeptieren bereit ist, und durch völlig unterschiedliche Lebens- und Arbeitsgewohnheiten. Jeder glaubt, daß sein eigenes Verhalten und seine eigenen Handlungsgewohnheiten richtig, zielführend und produktiv sind und daß es nur am Partner liegt, daß alles so schwerfällig, fehlerbehaftet, umständlich und unproduktiv abläuft.

Für jeden, dem die kulturspezifischen Entwicklungen und Beeinflussungen der beobachteten und als Belastung empfundenen Unterschiede nicht bewußt sind, bleibt nur die einzige Erklärung, daß der Partner noch nicht weiß, wie es eigentlich laufen sollte, daß er unfähig ist, den richtigen Weg zu beschreiten, oder daß er aus Sturheit, Hinterlist oder aus Gründen des Erwerbs eines taktischen Vorteils sich so "unmöglich" und destruktiv verhält.

Wenn Personen aus unterschiedlichen Kulturen oder international zusammengesetzten Arbeitsgruppen unter solchen Belastungsbedingungen arbeiten müssen, weil sie zum Erfolg verdammt sind, dann wird in der Regel versucht, auf dem niedrigsten möglichen Niveau zwischen den divergenten Auffassungen und Verhaltensweisen einen Kompromiß zu schließen, bzw. vielen bleibt nichts anderes übrig, als diese Divergenzen auch einfach nur zu ertragen in der Hoffnung, daß diese unerfreuliche Zusammenarbeit bald zu Ende gehen wird.

Die vorliegende Arbeit setzt nun genau an diesem Punkt an. Sie räumt radikal mit der Vorstellung auf, daß aufgrund der geographischen Nachbarschaft und somit zu erwartenden kulturellen Nähe die Zusammenarbeit zwischen Deutschen und Tschechen problemlos zu bewerkstelligen ist, wenn nur auf beiden Seiten guter Wille und ein hohes Maß an Toleranz vorhanden sind. Tagtäglich erleben Deutsche und Tschechen, die genau diese positiven Voraussetzungen zur interkulturellen Zusammenarbeit mitbringen, daß vieles nicht so läuft, wie sie es sich wünschen, daß die Partner sich anders verhalten als erwartet, daß sie anderen Verhaltensgewohnheiten, Wertvorstellungen und Normen folgen und offensichtlich auch - so scheint es jedenfalls - nicht bereit sind, noch so gut gemeinte Ratschläge, wie man es doch eigentlich richtig und sogar besser machen könnte, anzunehmen. Manche, mit guten Vorsätzen und hohen Erwartungen begonnene wirtschaftliche, kulturelle und politische Zusammenarbeit ist aus Gründen kulturbedingter Mißverständnisse und eines tief verankerten und auch über Jahre gegenseitigen Erfahrungsaustausches nicht veränderbaren Unverständnisses beendet worden, eingeschlafen oder suboptimal, irgendwie, aber nicht befriedigend, weitergeführt worden.

Wie die vorliegende Arbeit zeigt, und zwar nicht aufgrund einer Zusammenfassung einschlägiger Literatur über deutsch-tschechische Kulturunterschiede, sondern aufgrund einer sorgfältigen empirischen Analyse der alltäglichen Begegnungserfahrungen, sind solche Mißverständnisse und beschwerlichen Wege der deutsch-tschechischen Zusammenarbeit nicht gleichsam schicksalhaft vorgegeben, sondern vermeidbar. Wie aus der intensiven Beschäftigung und Analyse authentisch und konkret erlebter deutsch-tschechischer Mißverständnisse ein gegenseitiges interkulturelles Verstehen aufgebaut werden kann, worin sich deutsche und tschechische Kulturstandards voneinander unterscheiden, in welcher Weise sie das Denken und Verhalten der jeweiligen Partner beeinflussen und wie man mit diesen Unterschieden im konkreten Fall umgehen kann, genau das wird im vorliegenden Werk plastisch und lebensnah dargestellt.

Das für die Wissenschaft, aber auch für die interkulturelle Praxis, besonders im Bereich des internationalen Managements, Einmalige der vorliegenden Arbeit besteht darin, daß die interkulturelle Problematik nicht allein aus deutscher Sicht mit Blick auf die Tschechen analysiert wird oder nur aus tschechischer Sicht mit Blick auf das Verhalten der deutschen Partner, sondern daß beide Seiten gleichzeitig ins Blickfeld genommen werden. Insofern lernt der deutsche Leser, aber auch der tschechische Leser, nicht nur die Sicht des anderen kennen, sondern die eigenen Denk- und Verhaltensgewohnheiten werden ihm aus der Sicht des Partners gespiegelt und vorgeführt. Darin liegt das eigentlich produktive, gegenseitiges Verständnis und kompetente Kooperation fördernde Element des vorliegenden Trainingsmaterials.

Noch ein weiterer Aspekt soll hervorgehoben werden. Diese Arbeit räumt auch mit der Vorstellung auf, daß Kulturstandards unveränderbare statische Größen sind, unabhängig von Raum, Zeit und historischen Wandlungsprozessen. In einem eigenen Abschnitt beschäftigen sich die Autoren mit dem Transformationsprozeß von einem sozialistischen zu einem marktwirtschaftlichen System und zeigen hier sehr deutlich, welche Aspekte der Kulturstandards tief in der kulturgeschichtlichen Tradition verankert sind und welche Aspekte durch das jahrzehntelang existierende sozialistische Gesellschaftssystem gefördert wurden, die aber nun, unter marktwirtschaftlichen Ordnungs- und Orientierungsgesichtspunkten, zu Problemen und abweichendem Verhalten führen.

Präzise Analysen, wie sie in dieser Arbeit vorzufinden sind, führen oft zu einer stark elementarisierten Betrachtung von in der Alltagswirklichkeit hoch komplexen und eher ganzheitlich ablaufenden Prozessen. Um hier ein Gegengewicht zu schaffen, schildern die Autoren in einem eigenen Kapitel mehrere authentische Fallbeispiele komplexer Art, die sie unter deutscher und tschechischer Perspektive genauer analysieren.

Das Buch endet schließlich mit für den Praktiker außerordentlich hilfreichen Überlegungen zum Thema "Wege zum gemeinsamen Erfolg".

Wer dieses Buch liest, wird aufmerksam gemacht auf deutsche und tschechische Kulturunterschiede und auf die Besonderheiten des kulturspezifisch deutschen Orientierungssystems und des kulturspezifisch tschechischen Orientierungssystems. Der Leser wird zum Nachdenken, zum Vergleichen, zum Differenzieren und zur Reflexion über seine bisherigen Erfahrungen mit oder Erwartungen an eine beabsichtigte deutsch-tschechische Zusammenarbeit angeregt. Auf Neues aufmerksam werden, Ursachen und Begründungszusammenhänge reflektieren, Eigenes und Fremdes vergleichen und nach neuen Wegen der Interpretation und Konzeptualisierung von interaktiven Prozessen Ausschau halten oder solche entwickeln und schließlich aktiv nach neuen Wegen der interkulturellen Zusammenarbeit suchen sind genau die Voraussetzungen und Fähigkeiten, die Deutsche und Tschechen brauchen, um einander näher zu kommen, sich besser zu verstehen und gemeinsam gesetzte Ziele zu erreichen.

Die dazu erforderlichen Anregungen, Erkenntnisse und Ratschläge findet der Leser in diesem Buch.

Regensburg, im Dezember 1999

Prof. Dr. Alexander Thomas

> *Ein Hund sieht eine Katze, die mit dem Schwanz wedelt. Freudig erwidert er den vermeintlichen Gruß, nicht wissend, daß die Katze dieses Signal als Warnung versteht: „Stop, nicht weiter, sonst zeig' ich dir die Krallen!"*
>
> *Das Ende der Geschichte kennt jeder: die Katze kratzt, der Hund beißt...*
>
> *und die alte Feindschaft nimmt ihren Lauf.*

Einleitung

Erhalten Sie gerne Ohrfeigen? Teilen Sie gerne Ohrfeigen aus?

Keiner wird diese Fragen mit Ja beantworten. Und doch kann es vorkommen, daß man genau das tut: Jemanden ohrfeigen ohne es zu wissen und Ohrfeigen einstecken ohne zu wissen, warum. Wie? Indem man beispielsweise einen Fettnapf in einer anderen Kultur voll trifft beziehungsweise seinen eigenen so aufgestellt hat, daß ihn der andere kaum verfehlen kann. Das geschieht keineswegs nur im Kontakt mit völlig anderen Kulturen, sondern säumt vielfach gerade auch den Weg in der Begegnung zwischen Nachbarn. Und manche Ohrfeige tut dann besonders weh, weil sie alte Narben trifft und alte Schmerzen wiederbelebt. Schon feiern traditionsreiche Vorurteile fröhliche Urständ.

Wie das geschehen kann, ist das Thema dieses Buches. Welche Fettnäpfe Tschechen und Deutsche füreinander bereithalten, werden wir schildern. Weswegen eine völlig typische Handbewegung der einen zu einer Ohrfeige für die andere Seite geraten kann, wird dann klar werden. Und weil wir kein Rezeptbuch schreiben wollen, wie ein Deutscher bzw. ein Tscheche zu behandeln ist, werden wir sehr viel Motivforschung betreiben: Was sollte die Handbewegung eigentlich darstellen? Was wollte der Deutsche bzw. der Tscheche wirklich? Wir sind nämlich davon überzeugt und werden in unseren Seminaren in dieser Überzeugung laufend bestätigt, daß Wissen um und Verständnis von diesen Motiven zumindest das gezielte Erheben der eigenen Hand zum Gegenschlag verhindern kann. Und mit einigem guten Willen und wenn es nicht zu weh tat, kann man dann nach einem Weg Ausschau halten, der zum Ziel führt, statt in Kampf und Ärger oder Beleidigtsein steckenzubleiben. Weil das vielen Betroffenen gelang, berichten wir auch über Erfolgsmodelle für eine Zusammenarbeit.

Die Basis für dieses Buch bildet sowohl ein gemeinsam durchgeführtes Forschungsprojekt zum deutsch-tschechischen Kulturvergleich wie auch die jahrelange Erfahrung als deutsch-tschechisches Trainertandem in diversen interkulturellen Managementseminaren. Deutsch wird dabei, das müssen wir einschränkend sagen, als westdeutsch verstanden, weil die Firmen in denen wir forschten und wirkten, ausnahmslos westdeutsche waren. Auch die Interviewpartner und Manager innerhalb der Firmen waren westdeutsche. Die Gültigkeit unserer Aussagen ist damit auch auf Westdeutschland eingeschränkt. In vielen Diskussionsrunden mit Ostdeutschen wurden wir darauf hingewiesen, daß Ostdeutsche sich selbst in manchen Bereichen als „ein bißchen tschechisch" erleben. Das verwundert aufgrund der jüngeren gemeinsamen Vergangenheit in demselben System nicht. Kulturelle Typiken fallen nicht vom Himmel, sondern sind historisch gewachsene Strategien zur Bewältigung des Lebens unter den gegebenen Umständen. Und eben das begründet auch die momentane Problematik, die zwischen Ostdeutschen und Westdeutschen besteht.

1. Kultur und Management - Einige theoretische und methodische Grundlagen

Die Ausgangssituation

Wenn Menschen aus unterschiedlichen Kulturen miteinander zu tun haben, dann verhält sich jeder von ihnen zunächst einmal „ganz normal", d.h. so wie ein Tscheche oder ein Deutscher sich eben in einer bestimmten Situation üblicherweise verhält. Weil beide aber im Geschäftsleben darauf angewiesen sind, durch Interaktion miteinander ihre Ziele zu erreichen, entstehen Probleme an den Stellen, an denen die tschechisch definierte „Normalität" von der deutsch definierten „Normalität" abweicht. Fremdheit und Irritation werden erlebt, da die Handlungsweisen nicht kompatibel sind.

Wenn die handelnden Personen keine oder nur unzulängliche Kenntnisse über die Typiken und Charakteristika der anderen Kultur haben, dann werden sie ihre interkulturellen Begegnungen nicht nur nach den in der eigenen Kultur erlernten Orientierungsmustern regulieren, sondern auch gemäß ihrer Erwartungen von „Normalität" bewerten. Sie denken nicht daran, daß es verschiedene Varianten zur Gestaltung von Lebens- und Arbeitssituationen gibt, sondern halten die eigene, vertraute für die einzige, die einzig mögliche, die eigentlich vernünftige.

Bei Fortsetzung der Zusammenarbeit kommt es nun gehäuft zu derartigen kritischen, zum Teil konflikthaft verlaufenden und als belastend erlebten Interaktionssituationen. Beide Partner werden versuchen, ihr eigenes Verhalten und das des Gegenübers aufgrund des ihnen vertrauten eigenkulturellen Orientierungssystems zu regulieren, zu kontrollieren und so zu bewerten, daß es für sie sinnvoll erscheint. Das eigene kulturelle Orientierungsytem, durch den Prozeß der individuellen Sozialisation erworben, versagt jedoch weithin. Das Verhalten der fremdkulturell geprägten Interaktionspartner kann nicht zuverlässig antizipiert werden. Es kommt zu Fehlreaktionen und -aktionen, Mißverständnissen, mehrdeutigen Situationsgestaltungen, Verunsicherungen und im Extremfall zur Handlungsunfähigkeit.

Die Palette ist weit:

1. Als erstes steht die Reaktion, sich die andersartige, störende Handlungsweise des „anderen" zu erklären. Dazu greift man auf die Interpretationen zurück, die analogem Verhalten in der eigenen Kultur in solchen Fällen häufig zugrunde liegen. Dazu wird aber auch das Wissen herangezogen, das man bislang über die andere

Kultur hat. Und dieses Wissen besteht zu einem nicht unerheblichen Teil aus Vorurteilen und Stereotypen. Zwei klassische, weitreichende Trugschlüsse, zu denen die wahrgenommene Verschiedenheit führt, heißen: (1) Unfähigkeit: Der andere ist weniger fähig und ihm muß beigebracht werden, wie man etwas macht. (2) Unlautere Absichten: Der andere benimmt sich absichtlich „störend", ist also tendenziell böswillig und dem muß unter Einsatz der jeweils vorhandenen Machtmittel Einhalt geboten werden.

2. Nun werden Regulationen eingesetzt. Man will die erwartungswidrigen Effekte des eigenen Handelns auf den Interaktionspartner korrigieren. Je nach „Erklärung" wird man jetzt also beispielsweise zum „Oberlehrer" oder trumpft mit seiner Macht auf.

3. Beide Seiten richten jetzt ihre Aufmerksamkeit auf die Störung und setzen weitere, mehr oder weniger zutreffende Reflexionsprozesse in Gang. Im ungünstigsten Fall werden die erprobten, im eigenen Feld „bewährten" Strategien verstärkt und die Fronten verhärten sich. Im günstigeren Fall werden andere Regulationen erprobt, die die Absichten und Handlungsweise der anderen zumindest teilweise einbeziehen und wieder zu einer Deeskalation führen können.

Dieser Prozeß ist anstrengend, weil das Handeln an Barrieren stößt und behindert wird, weil es aufwendig ist, so viel zu reflektieren und weil die Regulationsprozesse viel Energie brauchen. Das alles ist mit affektiven Spannungen verbunden, da alles Handeln plötzlich mit mehr Unsicherheit über den Effekt verbunden ist und man nicht einfach „loslegen" kann.

Der beschriebene Ethnozentrismus scheint dabei nicht nur auf Unwissen um die Kulturmuster des anderen zu beruhen, sondern auch für seelisches Gleichgewicht zu sorgen: Die eigene Sicherheit über die Richtigkeit des Tuns muß nicht angezweifelt werden, wenn ich das Handeln des anderen abwerte. Ich muß nicht anerkennen, daß es Möglichkeiten gibt, die mein eigenes Vermögen übersteigen würden und bewahre mir so inneren Frieden und eine positive Identität als Individuum sowie einen gewissen Stolz als kulturelle Gruppe. Das Fremde dient als Vehikel für die eigenen Gefühle. Im Fachjargon spricht man von der Tendenz der Eigengruppenfavorisierung und der Fremdgruppendiskriminierung und meint damit die psychische Tendenz, zur Rettung der eigenen positiven Identität, das Eigene besser zu beurteilen als das Fremde (vgl. Tajfel, 1982; Turner 1978).

Die Lösung für das Dilemma liegt darin, sich Kenntnisse über die andere Kultur anzueignen, damit (1) die Erklärungen zutreffender werden und damit man (2) eine angemessenere Auswahl der Regulationstrategien treffen kann. Das eigenkulturelle Orientierungssystem muß erweitert werden in Richtung auf das fremdkulturelle. Beide Orientierungssysteme müssen eingesetzt werden können. Und dann sinkt auch die Tendenz zur Diskriminierung der anderen, weil man sich sicherer fühlt und den verursachten Streß weniger aus Gründen des Selbstschutzes in Abwehr, Schuldzuweisung und Stigmatisierung ummünzen muß.

Die geschilderten Probleme sind keineswegs nur von akademischem Interesse, sondern können leider der wirtschaftlichen Zusammenarbeit erheblichen Schaden zufügen, weil sie zeitaufwendige Rückschläge und Pannen verursachen. Und die Gefahren dazu lauern im verborgenen: Deutsche und Tschechen sind zunächst einmal die gleichen Menschen. Sie sehen, hören, lieben, hassen; sie wollen etwas von ihrem Leben haben; sie wollen arbeiten und es zu etwas bringen; sie wollen das Beste für ihre Familien. Sie sprechen zwar verschiedene Sprachen, aber das kann überbrückt werden - meist indem die Tschechen deutsch sprechen. Warum aber werden dann Deutsche oft so arrogant und unsympathisch und Tschechen so undurchsichtig empfunden? Weil wir in verschiedener Weise sehen, hören, lieben, hassen, arbeiten und für die unseren sorgen. Die Ziele im Leben sind wahrscheinlich weithin dieselben, aber die Wege zu diesem Ziel sind verschieden und genau an diesen Stellen tauchen dann die Schwierigkeiten auf. Dabei liegen die Probleme nicht in oberflächlichen Dos und Don'ts, sondern in zunächst einmal nicht sichtbaren Grundhaltungen, Grundeinstellungen und Werten, die Respekt verlangen und verdienen. Gelingt diese gegenseitige Wertschätzung, gelingen die Beziehungen.

Der Begriff „Kultur"

Bestehen zwischen Tschechen und Deutschen so große Unterschiede, daß man von verschiedenen Kulturen sprechen kann? Zugegeben - das klingt etwas hochtrabend, aber es ist wissenschaftlich korrekt. Denn der Kulturbegriff ist schillernd und sehr vielfältig. Auch wir benutzen ihn in einer bestimmten Weise und gehen im Anschluß an die von Kroeber & Kluckhohn (1952) vorgenommene Analyse verschiedener Kulturdefinitionen sowie aufgrund der theoretischen Arbeiten von Boesch (1980) von folgendem Kulturbegriff aus:

- Kultur vermittelt Bedeutungen. Durch die Kultur bekommen die Gegenstände und Ereignisse der Umwelt für das Individuum, für Gruppen, Organisationen, Nationen usw. eine Ordnung, einen Sinn, eine Funktion, einen Bedeutungsgehalt und werden erst so greifbar.

- Kultur bietet dem Menschen im materiellen und immateriellen, geistigen Bereich Handlungsmöglichkeiten, setzt aber auch Handlungsgrenzen.

- Im Verlauf der Menschheitsentwicklung sind verschiedenartige Systeme von Sinn, Bedeutungen, Funktionen, Begriffen und damit Orientierungen herausgebildet worden. Kulturen sind das Resultat dieser schöpferischen Leistungen der Menschen.

- Zu jeder Zeit haben verschiedene Kulturen existiert und in geschichtlichen Zeitabläufen unterliegen Kulturen Wandlungen, bedingt durch äußere und innere Einflüsse.

- Die Kultur dient der Orientierung in der Überfülle an Gegenständen und im Fluß der Ereignisse.

Kulturelle Orientierungen sind keinesfalls statisch, sondern entstehen als sinnvolle Antwort und aktive Verarbeitung lokaler und grundsätzlicher Anforderungen an die Organisation des Lebens. Anforderungen, die selbst wieder mitgeprägt sind von den Ergebnissen vorhergehender Auseinandersetzungen mit den Lebensbedingungen. Kulturen haben eine historische Perspektive.

Kultur kann somit als *„ein universelles, für eine Gesellschaft, Organisation und Gruppe aber sehr typisches Orientierungssystem"* bezeichnet werden. *„Dieses Orientierungssystem wird aus spezifischen Symbolen gebildet, in der jeweiligen Gesellschaft usw. tradiert. Es beeinflußt das Wahrnehmen, Denken, Werten und Handeln aller ihrer Mitglieder und definiert somit deren Zugehörigkeit zur Gesellschaft. Kultur als Orientierungssystem strukturiert ein für die sich der Gesellschaft zugehörig fühlenden Individuen spezifisches Handlungsfeld und schafft damit die Voraussetzung zur Entwicklung eigenständiger Formen der Umweltbewältigung."* (Thomas, 1996)

Kulturstandards

Von zentraler Bedeutung für den von uns benutzten Ansatz ist die Auffassung von Kultur als spezifischem Orientierungs*system*. Das heißt, daß es einzelne kulturelle

Elemente gibt, die in einer systemstrukturierenden Weise aufeinander bezogen sind. Diese sind aus der Interaktion ihrer Mitglieder untereinander und mit ihrer Umwelt entstanden, wurden über Generationen hinweg in mehr oder weniger veränderter Form weitergegeben und entfalten ganz offensichtlich in sämtlichen Lebensbereichen ihre Wirkung. Diese kulturellen Elemente wirken komplexitätsreduzierend und handlungsleitend. Sie ermöglichen den Mitgliedern der Kultur, sich gegenseitig als Interaktionspartner berechenbar zu machen, sie geben den Antizipationen und Erwartungen Gehalt. Diese kulturellen Elemente werden als Kulturstandards bezeichnet und folgendermaßen definiert:

„Kulturstandards können aufgefaßt werden als die von den in einer Kultur lebenden Menschen untereinander geteilten und für verbindlich angesehenen Normen und Maßstäbe zur Ausführung und Beurteilung von Verhaltensweisen. Kulturstandards wirken als Maßstäbe, Gradmesser, Bezugssysteme und Orientierungsmerkmale. Kulturstandards sind die zentralen Kennzeichen einer Kultur, die als Orientierungssystem des Wahrnehmens, Denkens und Handelns dienen. Kulturstandards bieten den Mitgliedern einer Kultur Orientierung für das eigene Verhalten und ermöglichen zu entscheiden, welches Verhalten als normal, typisch, noch akzeptabel anzusehen bzw. welches Verhalten abzulehnen ist. Kulturstandards wirken wie implizite Theorien und sind über den Prozeß der Sozialisation internalisiert. Kulturstandards bestehen aus einer zentralen Norm und einem Toleranzbereich. Die Norm gibt den Idealwert an, der Toleranzbereich umfaßt die noch akzeptierbaren Abweichungen vom Normwert." (Thomas, 1999)

Wesentlich sind für uns zunächst einmal folgende Punkte:

- Im Kontakt zwischen Tschechen und Deutschen wird primär einmal das wahrgenommen, was dem, woran man gewöhnt ist, widerspricht. Das kann etwas Attraktives sein, das kann aber auch etwas sein, das man irritierend, hinderlich oder ärgerlich findet. Das nehmen wir wahr, vieles andere nicht. Denn das eigene kulturelle Orientierungssystem steuert unsere *Wahrnehmung*.

- Das kulturelle Orientierungssystem reguliert unser *Werten*: Die Menschen, die beruflich miteinander zu tun, sind überlicherweise in dieser Situation, weil sie in der eigenen Kultur dazu ausgewählt wurden. Sie haben in ihrer Kultur ihre Eignung für diesen Job unter Beweis gestellt. Die Ergebnisse und Leistungen, die sie bislang erbrachten, lassen sie nunmehr als die richtigen Personen für die anstehende deutsch-tschechische Kooperation erscheinen. Damit ist die deutsche wie die tschechische Seite davon überzeugt, mit gutem Grund die eigene

Vorgehensweise für effektiv zu halten und der anderen Seite unterstellen zu können, sich kontraproduktiv zu benehmen. Der andere ist seltsam, wundersam, unmöglich! So kann man es doch nicht machen! So geht es nicht! So wie wir es machen, ist es sinnvoll, menschengerecht und richtig. - Kulturstandards sind uns eine Orientierung in der Entscheidung, welches Verhalten als normal, typisch, noch akzeptabel anzusehen ist und welches Verhalten abzulehnen ist.

- Kulturstandards beschreiben Charakteristika auf einem abstrahierten und generalisierten Niveau. Sie beziehen sich auf die einer Nation gemeinsamen Elemente. Sie erheben aber nicht den Anspruch, Individuen zu beschreiben. Ein konkreter Tscheche und ein konkreter Deutscher, Ihr konkreter Kollege, Mitarbeiter, Partner oder Chef kann von etlichen dieser Standards zum Teil erheblich abweichen! Unter Umständen treffen auf ihn nur Facetten dessen zu, was wir darstellen. Vielleicht lebt er manchen Kulturstandard nicht, einen anderen dagegen extrem. Kulturstandards haben eben einen *Toleranzbereich*. Individuelle und gruppenspezifische Ausprägungen der Kulturstandards werden innerhalb des Toleranzbereichs akzeptiert, liegen sie außerhalb, werden sie sanktioniert.

Darstellbar ist dieser Sachverhalt mit einer Normalverteilung:

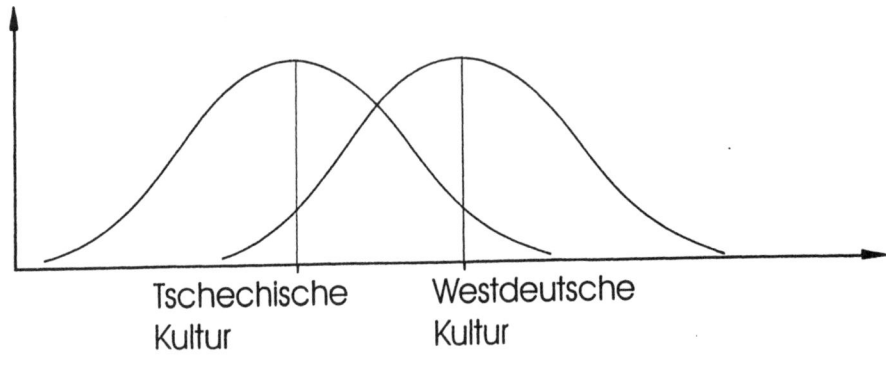

Abb. 1: Kulturunterschiede als Erwartungswertunterschiede

Ein Kulturstandard ist nicht bei jedem Mitglied einer Kultur in gleicher Ausprägung vorhanden. Die „zentrale Norm" entspricht dem Erwartungswert und die tatsächliche Schwankungsbreite bzw. die vorhandene Variation den statistischen

Standardabweichungen. Für den Kulturvergleich bedeutet das: Die Individuen einer Kultur zeigen gehäuft Verhaltensweisen, die in der anderen Kultur in dieser Häufigkeit nicht beobachtet werden können. Die beobacheten Merkmale sind unterschiedlich stark ausgeprägt. Mit den Kulturstandards beschreiben wir somit Typisches, sozusagen „theoretisch" den „durchschnittlichen" Tschechen und „theoretisch" den „durchschnittlichen" Deutschen. Und der Unterschied im Typischen ist ein quantitativer.

- Aus diesem Spannungsfeld zwischen Anpassung und Individualität bezieht jede Kultur ihre *Dynamik*, denn ein zu starres Festhalten an Normen würde die Weiterentwicklung und Adaptationsfähigkeit einer Gesellschaft hemmen. Kulturen sind somit stets im Fluß und unterliegen zeitlichen Veränderungen. Diese Wandlungsprozesse gehen zwar relativ langsam, weil zunächst Teilgruppen auf Neuerungen reagieren, während große Bereiche noch „hinterherhinken", aber sie finden statt. Eine Kultur paßt sich neuen Anforderungen an. Und von manchen Personen, Gruppen und Subgruppen werden Abweichungen sogar erwartet. Sie sollen beispielsweise Motor der Entwicklung spielen. Aber: So groß die Varianz der Kulturstandards innerhalb einer Gesellschaft auch sein mag, verglichen mit den Kulturstandards einer anderen Gesellschaft, wird nicht die mögliche Varianz für Minderheiten innerhalb einer Kultur das sein, was ins Auge sticht, sondern eben die Kraft der faktischen Mehrheit. Und das „Typische" tritt wieder sichtbar hervor.

- Grundsätzlich wird auch ein *Ausländer* und sein Verhalten auf der Basis der zentralen Kulturstandards beurteilt. Entspricht er den Standards, wird er eher anerkannt. Vielfach werden an Ausländer sogar strengere Maßstäbe angelegt als an Einheimische, d.h. ihnen werden geringere Abweichungen vom vorgegebenen Standard eingeräumt. Die Befolgung der Standards ist quasi die „Aufnahmeprüfung" zur Akzeptanz in der Fremde.

Grenzen des Kulturstandardkonzepts

Das Kulturstandardkonzept, dem wir folgen, ist nicht unumstritten. Es unterliegt etlicher Kritik, die wir durchaus teilen.

Sein größter Nachteil wird in der starken Reduktion komplexer Wirklichkeit gesehen. Kulturstandards würden damit der Stereotypisierung sogar noch Vorschub leisten. Demgegenüber können wir nicht genug betonen - und wir tun das, wo wir können- , daß Verallgemeinerungen über „die Tschechen" und „die Deutschen" Aussagen über vorherrschende Tendenzen in einer nationalen Gruppe sind, aber keine

Aussagen über die Einstellungen und Verhaltensweisen einzelner Angehöriger einer nationalen Gruppe. Die wirkliche Person begegnet nicht „dem Deutschen" oder „dem Tschechen", sondern einem ganz konkreten Individuum. Sie kennt daher sympathische, offene, humorvolle, ausgeglichene, fachkompetente Tschechen bzw. Deutsche genauso wie unsympathische, verbissene, cholerische, fachlich zweitklassige. Zudem wechselt die Stimmung einer Person und auch diese ihre ureigensten Charakterzüge sind nicht durchgängig zu beobachten. Es gibt eben kein Individuum, das in seinem Denken, Fühlen und Handeln jederzeit exakt den Kulturstandards seiner Kultur entspricht. Die kulturelle Identität ist zwar Bestandteil des Selbstkonzepts und prägt daher die Identität eines Individuums entscheidend mit, doch sie wird wesentlich ergänzt um die persönliche Identität. Und das ist auch gut so, denn genau in diesem Spannungsfeld liegt, wie erwähnt, die Dynamik für Anpassungs- und Wandlungsprozesse einer Kultur, aber auch, wie wir noch sehen werden, die Voraussetzung für eine konstruktive Zusammenarbeit mit Überbrückung der Kulturunterschiede.

Daneben gibt es eine Menge situativer und struktureller Variablen, die ebenfalls ihren Einfluß auf das Verhalten haben:

- die Bedingungen des Kontakts (Dauer, Intensität, Freiwilligkeit),

- die Zugehörigkeit zu Subgruppen innerhalb der jeweiligen Kultur (Berufsgruppen, Organisationskultur, Bildungsstand, Sozialstatus),

- die Zielvorstellungen der Beteiligten und ihre Kompatibilität,

- das Tätigkeitsfeld der beteiligten Personen,

- die aktuellen und konkreten Interessen,

- der Status der beteiligten Gruppen und Individuen (Machtstrukturen),

- der möglicherweise stattfindende Wettbewerb zwischen ihnen,

- das dominante soziale Klima, in dem die Begegnung stattfindet (z.B. Unternehmenskultur des Konzerns).

Diese Vielfalt und Vielschichtigkeit der Realität ist uns Autoren voll bewußt und sie muß als Gegengewicht zum vereinheitlichenden, generalisierenden Text zur Beschreibung der Kulturstandards im Auge behalten werden.

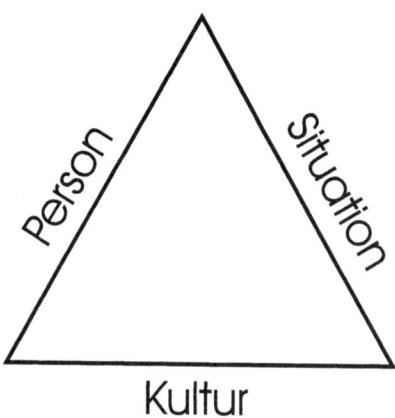

Abb. 2: Das Wirkdreieck Person - Situation - Kultur

Wir verweisen darauf, daß zur Analyse und zur Gestaltung einer konkreten Situation Kulturstandards eben nur *ein* Vehikel darstellen, das die kulturellen Faktoren benennt, die in der deutsch-tschechischen Kooperation wirksam sind. Die persönlich-individuellen und situativ-strukturellen Faktoren sind ebenso wirksam! Gleichzeitig! Weil aber die Übung im Heranziehen individueller und struktureller Erklärungen größer ist als in der Berücksichtigung der kulturellen Faktoren, ist es legitim, diese Ebene deutlich und klar heraus zu arbeiten, um sie auch als Werkzeug zur Verfügung zu stellen. Salopp gesprochen, wird sich mit dieser Ebene im Schnitt ein Drittel des Problems verstehen und beheben lassen. Nicht mehr, aber auch nicht weniger.

Außerdem gibt es Wechselwirkungen zwischen Schenkeln des Dreiecks. Sie beziehen sich nicht nur, wie vorher geschildert, auf die Beziehung Person-Kultur, sondern auch auf die Beziehung Situation-Kultur: (1) Die verschiedenen Ausprägungsformen eines Wertes oder Verhaltens, die einer Kultur deutlicher als ihrer Vergleichskultur zugeschrieben werden, sind prinzipiell in jeder der Kulturen bekannt. Es handelt sich oft um eine situative Varianz, d.h. die situativen Faktoren begünstigen in einer Kultur die Äußerung und Wahrnehmung eines Wertes oder eines Verhaltens auf eine bestimmte Weise und behindern eher die Äußerung und Wahrnehmung diese Wertes oder dieses Verhaltens auf eine andere Weise. Ein Beispiel dafür wäre die starke Trennung von Privat- und Berufsleben der Deutschen, die dazu führt, daß viele Verhaltensweisen Deutscher niemals von Tschechen erlebt werden, weil sie Deutschen nur im Berufsleben begegnen. Damit bleiben viele Verhaltensweisen Deutscher, die auch den Tschechen sehr sympathisch wären, völlig unbekannt. (2) Situationszwänge wirken in allen Kulturen lindernd. Doch man kennt diese Zwänge nur in der eigenen Kultur, der fremden Kultur unterstellt man eher eine Wahlfreiheit und attribuiert auf Absicht. Damit wird der Kontrast zu eigenen Kultur überbetont. So kennt das marktwirtschaftliche System beispielsweise Qualitätsanforderungen, die jemandem im Transformationsprozeß verständlicherweise schikanös vorkommen.

Krewer (1996) unterstreicht den hohen konstruktivistischen Anteil von Kulturstandards und sieht sie als Produkt der wechselseitigen Erklärung und Identifizierung. *„Kulturstandards sind als spezifische Orientierungssysteme aufzufassen, die konstruiert werden, um eigenes und fremdes Wahrnehmen, Denken, Fühlen und Handeln in spezifischen INTERkulturellen Kontaktsituationen verständlich und kommunizierbar zu machen, oder kurz gesagt, Kulturstandards sind Mittel der Selbst- und Fremdreflexion in interkulturellen Begegnungen"*. Daß das so ist, erfahren wir immer wieder, wenn Tschechen oder Deutsche sich unterhalten, wie sehr sie die Kulturstandards für eine treffende Beschreibung ihrer Erwartungen halten, denen sie selbst aber auch nicht immer in der Form nachkommen. Manchmal muten die Kulturstandards wie Zielvorstellungen an, eben - wie in unserer Definition - die Norm, die den Sollwert angibt. Das ändert aber nichts an der Beobachtung, daß an diesem Sollwert das konkrete Verhalten anderer gemessen wird. So sollten sich die eigenen Landsleute verhalten und bitte auch die Fremden. Wenn diese es nicht tun, dann wird das noch deutlicher registriert als die Abweichungen der eigenen Gruppenmitglieder. Und insofern spielen eben die Kulturstandards als Mittel der Reflexion (Was geschah? Was hätte geschehen sollen? Was ist daher ein vermeintlich geeigneter Regulationsmechanismus?) eine entscheidende Rolle.

Die polare Darstellung der tschechischen und deutschen Kulturstandards

Kulturstandards gelten aufgrund der Methode ihrer Gewinnung nur in dem bilateralen interkulturellen Rahmen, in dem sie definiert wurden. Sie beschreiben eine

Kultur nicht „objektiv", sondern im Kontrast zur Kontrastkultur. Unter Rückgriff auf die „Logik der adaptiven Gegensätze" (Demorgon & Molz, 1996) entwickelten wir die Definitionen der Kulturstandards als mehr oder weniger gegensätzliche Kontrastpaare und beschrieben sie von vorne herein als Ausprägungsformen in der Nähe kontrastiver Pole. Dem liegt folgendes Verständnis zugrunde (vgl. Schroll-Machl, in Vorb.):

1. Die Kulturstandardpaare stecken ein Spannungsfeld zwischen Antworten ab, die Deutsche einerseits und Tschechen andererseits auf eine zentrale Frage des (Berufs)Lebens geben.

Solche Fragen sind:

(a) Liegt in der Interaktion und Kommunikation der Fokus auf der Sache oder auf den beteiligten Personen?

(b) Welche Einstellung herrscht gegenüber Strukturen?

(c) Werden Dinge hintereinander oder parallel erledigt?

(d) Wo ist ethische Verantwortung verankert?

(e) Wie groß ist die Spannbreite von Betroffenheit?

(f) Wie wird kommuniziert?

(g) Wie wird mit Konflikten umgegangen?

(h) Wie tritt jemand auf?

Weil Deutsche und Tschechen diese Fragen (meistens) unterschiedlich beantworten, lassen sich ihre Antworten als Gegensätze, d.h. als Kulturstandardpaare, darstellen. Wir listen sie an dieser Stelle schon einmal auf und werden sie im nächsten Kapitel dann inhaltlich darstellen.

(a) Sachbezug versus Personbezug

(b) Aufwertung von Strukturen versus Abwertung von Strukturen

(c) Konsekutivität versus Simultanität

(d) regelorientierte Kontrolle versus personorientierte Kontrolle

(e) Trennung von Persönlichkeits- und Lebensbereichen versus Diffusion von Persönlichkeits- und Lebensbereichen

(f) schwacher Kontextbezug versus starker Kontextbezug

(g) Konfliktkonfrontation versus Konfliktvermeidung

(h) stabile Selbstsicherheit versus schwankende Selbstsicherheit

Dabei steht kein Kulturstandard als polare Tendenz für sich alleine, sondern hat nur Sinn in Bezug auf seinen Gegenpart. Die unterschiedlichen, gegensätzlichen Antworten auf die Fragen machen ja gerade die Spannung aus!

2. Die Gegensätze eines Kulturstandardpaares stehen zusätzlich in einem dynamischen Verhältnis zueinander: Tatsächlich werden nämlich immer - von Deutschen wie von Tschechen - beide Pole realisiert, freilich in unterschiedlichem Mischungsverhältnis - offen, latent, prägnant, dezent. Die Gewichtungen sind zwischen Deutschen und Tschechen verschieden, so daß die einen den einen Pol und die anderen den anderen Pol stärker realisieren: Tschechen verhalten sich also in den meisten Fällen mehr „so als so" und Deutsche mehr „so als anders" und dieses spezifische Mischungsverhältnis beschreiben wir als Kulturstandard der einen im Vergleich zum (kontrastiven) Kulturstandard der anderen. Aber es gibt eben auch Situationen, in denen sich Tschechen nicht vermeintlich tschechisch und Deutsche nicht vermeintlich deutsch verhalten, denn das Potential des Gegenpols drängt zum Ausgleich, wird offensichtlicher und handlungsbestimmender. Im Fachbegriff der Theorie heißt das, daß Personen in Abhängigkeit von Situationen und Zielen in ihrem Verhalten zwischen den Polen „oszillieren".

3. Die Bevorzugung des einen Pols ist immer mit spezifischen Vor- und Nachteilen verbunden. Es ist nicht möglich, die Vorteile beider Pole gleichzeitig zu realisieren oder die Nachteile beider Pole gleichzeitig zu minimieren.

Warum es zur Bevorzugung des einen Pols gegenüber dem anderen und damit zur Inkaufnahme der damit verbundenen Nachteile kam und kommt, hat mit den lebensgeschichtlichen Erfahrungen einer Person bzw. mit den historischen Erfahrungen einer Nation im Sinne einer Art „Gewohnheitsbildung" zu tun. Dieser Prozeß war und ist aber nicht nur ein reaktiver Anpassungsprozeß, sondern gleichermaßen ein strategisch beabsichtigter: Zur Bewältigung der gestellten Aufgaben und Lebensanforderungen sowie zur Erreichung sinnhafter Ziele erscheint die Aktualisierung von Verhaltensweisen des einen Pols geeigneter als das „gegenteilige" Verhalten. Es hängt eben von der Situation ab, welcher Pol den gesetzten Zielen eher entgegenkommt.

4. Kulturstandards stellen nun auf einer kollektiven Ebene die Mediane der individuellen Oszillationsprozesse der Angehörigen einer Kultur zwischen den Polen dar. D.h. sie bezeichnen die mehrheitlichen Ausprägungen der tschechischen bzw. westdeutschen Kultur. Statistische Häufungen finden sich demnach in der Nähe des einen Pols, nicht in der Nähe des anderen - analog den beiden Normalverteilungskurven.

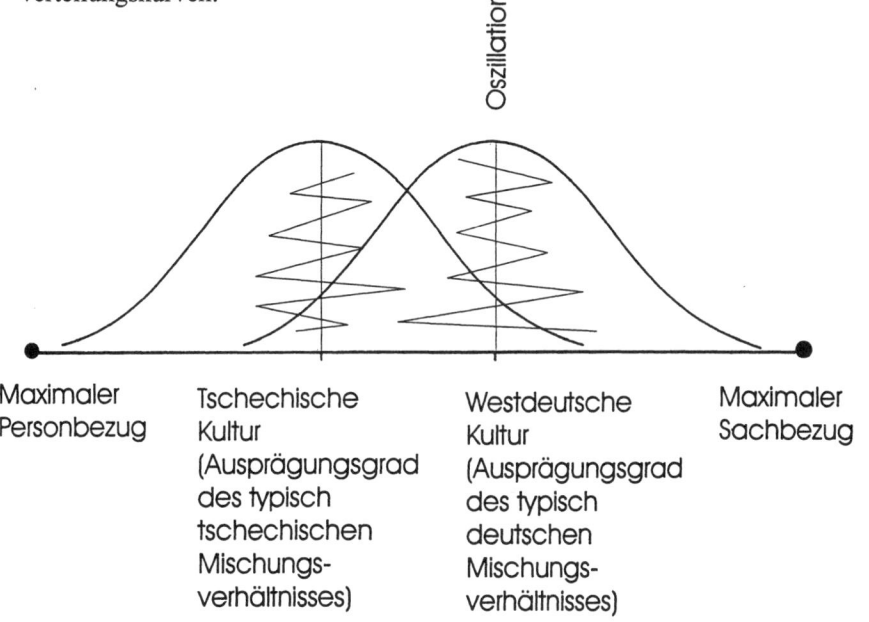

Abb. 3: Die polare Darstellung der tschechischen und (west)deutschen Kulturstandards am Beispiel Personbezug - Sachbezug

Die Methodik der Kulturstandarderhebung

Zur Generierung der Kulturstandards bedienten wir uns der bewährten Methode der Erhebung und Analyse von sogenannten „Kritischen Ereignissen" (vgl. Thomas 1988), denn besonders in problematisch verlaufenden „kritischen" Interaktionssituationen wird die handlungsregulierende Wirkung der Kulturstandards deutlich erlebbar, weil sich jeder der Beteiligten gemäß seinen, in seiner Sozialisation erworbenen Kulturstandards verhält. Da für jede Kultur ihre Kulturstandards jedoch unreflektierte Selbstverständlichkeiten sind, müssen sie aus der Normalität herausgehoben werden, um greifbar zu sein. Dazu bedarf es der Konfrontation der Selbstverständlichkeiten der einen Kultur mit den Selbstverständlichkeiten der anderen Kultur. Ein Kontrast muß hergestellt werden, der die kulturellen Orientierungen heraushebt, in denen sich die betrachteten Kulturen auffällig unterscheiden. Dies passiert in alltäglichen beruflichen Interaktionen, in denen Tschechen und Deutsche miteinander interagieren und zwar in den Feldern, in denen die kulturellen Orientierungssysteme der Beteiligten genügend stark differieren. Methodisch ist somit nach denjenigen Verhaltensweisen zu fragen, die aus der einen kulturellen Perspektive mit Mitgliedern der anderen Kultur nicht zu erwarten gewesen wären und die deshalb nicht verstanden werden können, ärgerlich oder beängstigend wirken. Warum? Weil Kulturstandards Handlungsorientierungen sind, die Ziel- und Verlaufserwartungen ausrichten. „Erwartungswidriges Handeln des fremdkulturellen Partners ist damit ein entscheidendes Kriterium für den Kontrast von Kulturstandards. Extreme Abweichungen von den Handlungserwartungen erlauben somit einen wesentlich leichteren Zugriff auf die zugrundeliegenden Orientierungen als normale, den Erwartungen entsprechende Interaktionsverläufe." (Molz, 1994). Der Vorzug dieser Methode ist es, daß auf tatsächliche und konkrete Handlungsverläufe fokussiert wird und nicht Meinungen oder Einstellungen gesammelt werden, die auf allgemeinen oder abstrakten Eindrücken basieren.

Der Forschungsprozeß umfaßte im einzelnen folgende Schritte:

Schritt 1:

Zunächst führten wir eine Reihe von teilstrukturierten, sog. narrativen Interviews durch, in der wir um die Schilderung von „kritischen" Erfahrungen und Beobachtungen baten. Dazu wurden Deutsche und Tschechen, die genug berufliche Interaktionserfahrungen mit den jeweilig „anderen" hatten, befragt. Das Wörtchen „kritisch" an den „Kritischen Ereignissen" ist nicht alltagssprachlich zu verstehen, sondern wissenschaftlich-neutral und bezeichnet Erwartungswidrigkeit - im positiven wie im negativen Sinne. Unsere Auskunftsperson sollte uns dabei über solche Ereignisse berichten, in denen sie als tschechischer bzw. deutscher Partner auf unerwartete deutsche bzw. tschechische Reaktionen und Interpretationen der Interaktionssituation gestoßen ist, die sie sich aufgrund ihres eigenen Kulturverständnisses nicht erklären konnte bzw. als fremd und ungewöhnlich erlebt hat. Zudem wurden auch unkritische, harmonisch verlaufende Begegnungsituationen erfaßt.

Schritt 2:

Die Interviews wurden vollständig transkribiert. Aus dem Transkript der Interviewprotokolle wurden die berichteten Interaktionssituationen extrahiert und zu abgeschlossenen Episoden umformuliert. Angefügt wurden (im Hinblick auf Schritt 4) die Kommentare und Beurteilungen der Situation durch den jeweiligen Informanden. Die Schilderungen kritischer Ereignisse und harmonisch verlaufender Situationen dienten nun als Ausgangsmaterial für den weiteren Analyseschritt.

Schritt 3:

Die Kulturstandardtheorie operiert aus guten Gründen mit folgenden zwei Grundannahmen: (1) Kulturstandards sind Orientierungen, über die jeder durchschnittlich sozialisierte Mensch verfügt. (2) Die Beweggründe für das Handeln und die Regeln, an die das Handeln gebunden ist, können auf Befragen rekonstruiert werden. Damit ist im Prinzip jeder Deutsche und jeder Tscheche als Informand für die vermutlichen Handlungsgründe seiner Mitbürger geeignet. Er ist also in der Lage, Erklärungen zu liefern, weswegen sich seine Landsleute in den Kritischen Ereignissen vermutlich so verhalten haben. Psychologisch formuliert ging es im dritten Schritt der Untersuchung darum, Attributionen zu sammeln, d.h. Bedeutungszuschreibungen und Bewertungen für sichtbares und beobachtetes Verhalten. Welche Ursache (Kausalattributionen), welches Ziel (Finalattributionen), welche anderen Komponenten liegen dem beschriebenen Verhalten wahrscheinlich zugrunde?

Wir gaben die von Deutschen beobachteten Kritischen Ereignisse an Tschechen und die von Tschechen beobachteten Kritischen Ereignisse an Deutsche mit der Bitte, uns das Verhalten ihrer jeweiligen Landsleute zu erklären. Bei der Suche nach solchen Erklärungen werden Tschechen von ihrem kulturspezifischen Orientierungssystem ausgehen und von Deutschen wird auf das deutsche kulturspezifische Orientierungssystem zurückgegriffen. Es kann also angenommen werden, daß die von den Tschechen genannten Attributionen im wesentlichen Konkretisierungen tschechischer Kulturstandards darstellen und daß es sich bei von den Deutschen genannten Attributionen im wesentlichen um Konkretisierungen deutscher Kulturstandards handelt. Daß die genannten Attributionen zusätzlich auf Elemente der Situation, die vermutlich eher individueller Natur oder situativer Natur sind, untersucht werden konnten, stellte ein mehrstufiges Verfahren sicher.

Um zu möglichst reliablen Daten zu gelangen, wurden die Attributionen in einer Methodentriangulation erhoben, d.h. es kamen schriftliche Befragung, Gruppendiskussion, Expertenbefragung und Selbstbeobachtung zum Einsatz.

Schritt 4:

Aus dem Material der eigenkulturellen Beurteilungen sowie aus dem Vergleich zwischen den fremdkulturellen und den eigenkulturellen Beurteilungen wurden die für die geschilderten Interaktionssituationen bedeutsamen Kulturstandards ermittelt. Um von den konkreten Daten, d.h. den Interaktionsschilderungen und dem Beurteilungsmaterial zu abstrakten und allgemeinen Aussagen - also den intendierten Kulturstandards - zu gelangen, wurde dabei das gesamte Material einer Inhaltsanalyse unterzogen (Rust 1983; Rosch & Lloyd 1979; Lamnek, 1995; Mayring 1996). Das Verfahren besteht in der Konstruktion eines deskriptiven Kategoriensystems, das theoriegeleitet und auf das konkrete empirische Material bezogen entwickelt wird. Die in einer Reihe von Durchgängen, schrittweise (durch Gruppierung und Umgruppierung einzelner Elemente, Ergänzung und Modifikation weiterer Elemente, Benennung der Kategorien, Revision der Benennung, Prüfung der Stimmigkeit des Systems) entstehenden Kategorien repräsentieren dann die tschechischen und (west)deutschen Kulturstandards.

Im folgenden werden wir die Ergebnisse unserer Untersuchung darstellen - die tschechischen und die (west)deutschen Kulturstandards. Vor ihrer Lektüre möchten wir aber gerne noch eine Warnung aussprechen:

Die Schilderungen scheinen oft ziemlich negativ zu sein. Gerade so, als ob wir die Tschechen oder die Deutschen schlecht machen wollten. Das ist überhaupt nicht unsere Absicht, im Gegenteil! Es handelt sich weder um besonders verhärtete Fronten zwischen Tschechen und Deutschen, noch um eine Überdramatisierung der Schwierigkeiten, noch um die Bestätigung von Vorurteilen! Sondern es ist schlicht ein Artefakt der Untersuchung: Negative Anlässe sind es vor allem, die zur Konzeptbildung führen, weil sie die Stressoren darstellen, die man sich merkt und die man dann in Interviews und Trainings als Material zur Bearbeitung nutzt! Es muß immer in Betracht gezogen werden, daß eine Situation, die effektive Zusammenarbeit erzwingt und kein Ausweichen zuläßt, die kulturellen Verschiedenheiten voll zur Wirkung bringt mit aller „automatischer" Wahrnehmungsverschiebung auf die Barrieren (nicht die roten Teppiche!) der Zusammenarbeit.

Um das Bild zu ergänzen: Die Ergebnisse auf unsere Frage nach „überraschend positiven Ereignissen" waren relativ spärlich. Aber eine Aussage wiederholte sich in den Interviews mit Deutschen oft - relativ viel Sympathie für die Tschechen. Ein durchgängiger Grundtenor war: Vielfach sind das ausgesprochen nette, angenehme Leute, auch wenn wir uns über dies und das geärgert haben.

2. Tschechische und (west)deutsche Kulturstandards im Vergleich

2.1. Kulturstandardpaar: *Personbezug versus Sachbezug*

Zentrale Frage:
Liegt in der Interaktion und Kommunikation der Fokus auf der Sache oder auf den beteiligten Personen?

2.1.1. Der tschechische Kulturstandard „Personbezug"

Definition:

Der Kulturstandard „Personbezug" beschreibt die Tatsache, daß Tschechen in der Interaktion und Kommunikation dem Beziehungsaspekt den Vorrang vor dem Sachaspekt einräumen. Die Sachebene rangiert daher in jeder Interaktion an der zweiten Stelle. Aus dem Grund bemühen sich Tschechen bei jeder Interaktion, eine menschlich möglichst angenehme Atmosphäre herzustellen - das tut der eigenen wie der anderen Person gut. Einmal geschaffene gute Beziehungen will man sich dann erhalten und man pflegt sie.

Darstellung:

<u>Vorrang für die Person</u>

Der Vorrang für die Person meint zunächst einmal, daß Tschechen stets die jeweils Agierenden stärker und bedeutsamer wahrnehmen als den Inhalt ihres Tuns.

Dazu muß sich jeder Kooperationspartner auch als Person zu erkennen geben. Man will und braucht „menschliche" Anknüpfungspunkte. Nur das kann Sympathie und damit die Bereitschaft zur gedeihlichen Zusammenarbeit wecken.

So ist es beispielsweise für viele 'normale' berufliche Aufgaben (z.B. etwas von einer Firma abzuholen) Voraussetzung, daß die agierenden Personen einander kennen, miteinander bekanntgemacht oder 'vermittelt' werden. Als Fremder etwas bekommen oder erreichen zu wollen, ist schwierig.

Die Schriftform für viele Informationen oder Dokumentationen wird eher abgelehnt, weil sie ausschließlich die Sache darstellt unter Ausschluß eines persönlichen Eindrucks und persönlicher Kontakte. Die Bereitschaft zu mündlicher Berichterstattung existiert dagegen durchaus.

Für den Führungsstil heißt das, daß sich gute Führungskräfte Zeit für ihre Mitarbeiter nehmen, Kontakt zu ihnen suchen und viel mit ihnen sprechen. Schließlich ist ja auch ein Mitarbeiter dadurch motiviert, für eine Person, die er schätzt, zu arbeiten. Und diese Ebene ist von seiten des Chefs aufzubauen. Ein Verantwortlicher protegiert seine Leute und ein Mitarbeiter arbeitet für seinen Chef. Beide Seiten lassen sich primär auf die Person des anderen ein, nicht auf die Sache.

Leistung als einziges oder hauptsächliches Beurteilungskriterium zu benutzen, wirkt sehr hart. Schließlich hat man es mit einer Person zu tun, die in diverse Kontexte eingebunden ist und deren Handeln von vielem mehr bestimmt wird als der Sache, um die es augenblicklich geht.

Tschechen messen auch der eigenen Person einen hohen Stellenwert bei:

Sie akzeptieren eine Meinung beispielsweise nur, wenn sie wirklich überzeugt worden sind. Eine Expertenmeinung als solche anzuerkennen und ihr deshalb zu folgen, ist unüblich. Die Sache muß jemandem nahe gehen, d.h. man muß entweder sachlich wirklich überzeugt worden sein oder von der Person beeindruckt sein, die sie bringt und der man ihre Sache daher glauben kann und mag.

Klettert jemand die Karriereleiter hoch, dann gibt ihm seine neue Position vor allem das Gefühl „Ich bin wichtig". Dieses Gefühl überwiegt beizeiten die gedankliche Auseinandersetzung damit, was mit dieser Position an Arbeit verbunden ist.

Tschechen sind nur ausnahmsweise bereit, alles für ihre Karriere und das Geld zu opfern. Sie legen Wert darauf, genügend Zeit für sich, für die Familie, für Hobbies usw. zu haben. Lieber begnügen sie sich mit weniger Geld. Und die allerwichtigsten Beziehungen sind die Familienbeziehungen. - Die Sache rangiert eben an zweiter Stelle.

Hoher Stellenwert einer positiven Atmosphäre

Man bemüht sich, daß sich der Gesprächspartner möglichst wohlfühlen kann. Man investiert in die Beziehungsebene vorsätzlich und aufmerksam. Tschechen, mit denen längerfristige Kontakte bestehen, werden meist als ausgesprochen „nett" bezeichnet.

Im Geschäftsleben dient ein für deutsches Empfinden zu breit ausholendes Kommunikationsmuster häufig der Herstellung bzw. Sicherung der (guten) Beziehungsebene. In Ausschweifungen kommen dabei „nicht zur Sache gehörende", „unwichtige" Dinge in das Gespräch und strapazieren die Geduld der Deutschen. Ausführliche Informationen zu dem gerade aktuellen Sachverhalt - auch wenn sie für deutsche Erwartungen weit über die relevanten Tatbestände hinausgehen - bieten viele Anknüpfungspunkte für den Aufbau einer künftigen Beziehung, weil man in weiteren Gesprächen auf sie zurückkommen kann, um eine gemeinsame, vertraute Ebene herzustellen.

Beziehungen werden gepflegt: Man ist gerne in Gesellschaft, liebt Geselligkeit mit Essen und Trinken und Kontakten. Dem „Smalltalk" in der Arbeit wird mehr Zeit gewidmet wie in Deutschland. Man redet und erzählt überhaupt viel, wenn gegenseitige Sympathie besteht. Das ist Freundlichkeit. Man liebt Witze, Humor, Belustigung, Unterhaltung. Das stellt eine angenehme und gute Atmosphäre sicher. Wenn man sich dabei von sich selbst distanzieren und ironisieren kann, wirkt das besonders sympathisch. Und dann kann man ja wieder zur „Sache" zurückkehren. Bei entspannten Gesprächen schätzt man es, zu fühlen, daß man mit einem „Menschen" spricht, der Gefühle und Schwächen hat. Dabei verspürt man oft wenig Drang, sich individualistisch von anderen abzuheben.

Gastfreundschaft hat einen hohen Stellenwert, denn hier werden Beziehungen angebahnt, gepflegt und genossen. Dazu nimmt man sich Zeit, organisiert Essenseinladungen, Feste und Geschenke zu vielen Gelegenheiten. Auch bereits in Stadien, in denen Deutsche tschechische Gäste mit Kaffee „abspeisen" würden. Engere Gastfreundschaft trägt dabei sehr familiäre Züge beispielsweise in Form von Einladungen nach Hause oder in das Wochenendhaus mit Übernachtung.

In der Arbeit gehen die Personen mehr aufeinander ein, nehmen mehr Anteil aneinander und halten engere persönliche Kontakte als in Deutschland.

Mit Kollegen liebt man es, einen fast familiär und sehr vertraut anmutenden Umgang zu pflegen. Tschechen sind zueinander nett, freundlich, anteilnehmend und aufmerksam. Und Emotionen sind in Tschechien dabei immer wichtig, wenngleich sie keinesfalls in überschwenglicher, sondern eher in stiller Art gezeigt werden. Natürlich gedeihen auch Ratsch und Tratsch mit allen positiven und negativen Effekten.

Zusätzliche Leistungen einer Firma, Sozialleistungen, nette Gesten, kleine Aufmerksamkeiten sind hochgeschätzt und können sowohl bei Entscheidungen 'kleiner' und 'normaler' Leute ausschlaggebend sein, wie auch das Klima der gesamten Kooperation sehr positiv beeinflussen.

Vor- und Nachteile:

Zusammenfassend betonen Tschechen als *den* Vorteil dieses Personbezugs die größere „Menschlichkeit" in allen beruflichen Zusammenhängen.

Der Nachteil liegt darin, daß man umgekehrt sehr sensibel und empfindsam ist. Differenzen, Störungen oder Trübungen eines gewissen, je nach Situation zu definierenden „emotionalen Gleichklangs" der Beteiligten werden fein registriert. Es geht sehr schnell, jemanden zu kränken und viele berichten vom „Beleidigtsein" als Kehrseite der sehr geschätzten Freundlichkeit. Dieselbe Rücksicht und Feinfühligkeit, die man anderen angedeihen läßt, möchte man eben auch selbst erfahren. Damit ist grundgelegt, was wir noch ausführlich darstellen werden: das schwierige Verhältnis von Tschechen zu Problemen und Konflikten (vgl. 2.7.)

2.1.2. Der (west)deutsche Kulturstandard „Sachbezug"

Definition:

Für die berufliche Zusammenarbeit ist unter Deutschen die Sache, um die es geht, die Rollen und die Fachkompetenz der Beteiligten ausschlaggebend. Die Motivation zum gemeinsamen Tun entspringt der Sachlage, evtl. den Sachzwängen. In geschäftlichen Besprechungen „kommt man zur Sache" und „bleibt bei der Sache". Ein „sachliches" Verhalten ist es, was Deutsche als professionell schätzen: Man zeigt sich zielorientiert und argumentiert mit Fakten. Wenn man sich kennt oder gar mag, ist das ein angenehmer Nebeneffekt, doch das ist nicht primär relevant.

Darstellung:

<u>Die Sache als Dreh- und Angelpunkt</u>

Experten haben in Deutschland ein hohes Ansehen, denn sie verstehen von einer Sache etwas. Was sie sagen, das hat Gewicht und das wird im Handeln ernst genommen und berücksichtigt. Dabei ist der Expertenstatus sachlich definiert: Jemand kennt sich in seinem Gebiet gut aus. Ob er auch über soziale Kompetenz verfügt, hat auf die Zuschreibung „Experte" keinen Einfluß.

Vertrauen wird (im Beruf) dadurch aufgebaut, daß man mit jemandem sachlich gut zusammenarbeiten kann. Eine solche Person erweist sich als vertrauenswürdig.

Kollegen begegnen einander auf der Basis ihrer Rollen und ihrer Qualifikation. Dazu ist es nicht nötig, eine Beziehungsbasis schon installiert zu haben. Sie besprechen sich, auch wenn sie sich nicht gut kennen. Von der Kompetenz seines Gesprächspartners geht man zunächst einmal aus im Vertrauen auf die herrschenden Selektionsanforderungen. Was stünde dann einer Besprechung, die sachliche Ergebnisse erbringen soll, im Wege? Läuft die Sitzung gut, wird man inhaltlich zufriedengestellt und sieht man einen Erfolg des gemeinsamen Bemühens, dann kann man ja etwas lockerer und persönlicher werden. Die Sache hatte Priorität, sie ist nun geregelt und nun kann sich (muß nicht!) eine gewisse Entspannung einstellen. Zuerst die Arbeit, dann das Spiel - sagt ein oft zitiertes deutsches Sprichwort.

Ein deutscher Führungsstil ist betont sachorientiert. Ein Chef beharrt auf der Erfüllung der Pläne, Strukturen, Termine, Zuständigkeitsbereiche. Das ist der Inhalt seiner Aussagen, darauf zielen seine Argumente; dazu übt er, wenn es sein muß, Druck aus und so beurteilt er die Arbeitsleistungen. Die Sache hat er schließlich zum Erfolg zu führen, die Mitarbeiter sind dazu ein „Mittel", d.h. in ihren Arbeitsleistungen entsprechend zu koordinieren. Ein Chef ist weisungsbefugt, obwohl viele und gerade moderne Chefs sich bemühen, so gut sie können, durch Überzeugung zu führen (partizipativer Führungsstil).

Deutsche Kontrollsysteme sind oft versachlichte, entpersönlichte und „versteckte", z.B. computerisierte Controlingsysteme, die Zahlen, Umsatz, Fakten aufzeigen. Die Kontrolle per Anwesenheit und relativ intensivem, persönlichem Kontakt ist seltener. Die Problemanalyse und Lösungsgenerierung aufgrund der per Computer entdeckten Sachverhalte soll dann motivierend wirken.

In vielen Unternehmen ist das Augenmerk deutscher Manager eindeutig auf Leistung und Zahlen gerichtet. Das soziale Klima interessiert sie in zweiter Linie - leider nicht selten erst dann, wenn die Zahlen Hinweise auf diesbezügliche Mißstände liefern. Bei den für eine Entscheidung abzuwägenden Argumenten zählen denn auch vorrangig „harte Faktoren", die „weichen Faktoren" stehen eindeutig in der zweiten Reihe. Etwas überspitzt könnte man sagen: Was 'objektiv' nicht relevant ist, existiert für Deutsche mitunter nicht.

So beließen Deutsche beispielsweise nicht selten zumindest Teile des ursprünglichen (kommunistischen) Managements wegen seines gebündelten betrieblichen Wissens, ohne sich um dessen Akzeptanz in der Belegschaft Gedanken zu machen. Sie sollen als Kenner des Betriebs sein Funktionieren gewährleisten.

Die Sache, um die es deutschen Geschäftsleuten und Betriebswirten vorrangig geht, ist das Geld. Kosten, Rendite und Gewinn sind Faktoren, die von Deutschen sehr oft bei Entscheidungen, aber auch bei Konflikten ins Feld geführt werden. Kosten-Nutzen-Überlegungen sind für sie ausschlaggebend, denn darauf kommt es in ihrer Aufgabe an und das läßt sie auch in den kleineren Dingen kostenbewußt reagieren. Dieser so transportierte Stellenwert des Geldes wird von Tschechen sehr oft als einseitig, als Sparsamkeit oder auch als Geiz erlebt.

Deutsche nehmen viele Dinge, die ihnen als Service geboten werden, für selbstverständlich. Sie nehmen automatisch an, daß dieser Service zum Aufgabenbereich der Person gehört, mit der sie gerade zu tun haben, denn sonst würde diese wohl diesen Service nicht leisten. Sie haben daher nicht im geringsten das Gefühl, sich dafür dankbar zeigen zu müssen oder es lobend zu erwähnen. Sie haben ja z.B. dafür bezahlt, daß sie gut bedient werden. Und jetzt sehen sie - ganz sachorientiert - auch nur ihr Ziel, den Preis, die Rolle, aber den Menschen dahinter nicht.

<u>Kommunikationsstil</u>

In der beruflichen Kommunikation dominiert weithin die Sachebene, d.h. Dinge, die die Arbeit betreffen, und darin wiederum häufig das, was zum Gelingen der gemeinsamen Vorhaben innerhalb des vereinbarten strukturellen Rahmens beträgt bzw. beitragen soll. Der Kommunikationsstil kann dabei so sehr die Sachebene betonen, daß die Beziehungsebene beeinträchtigt wird. Die weichen Faktoren, die „menschliche Empfindlichkeiten" betreffen, bleiben oft unberücksichtigt und beigefügte Kränkungen u.U. unbemerkt - oder sie werden in Kauf genommen, denn es geht schließlich um die Sache.

Deutsche versuchen das, was sie wollen, argumentativ aufzubereiten, um andere von ihrem Ziel überzeugen zu können. Das geschieht sehr faktenorientiert und z.b. Handlungsansätze, Voraussetzungen sowie Konsequenzen aufzeigend. Auf der Beziehungsebene um Zustimmung zu werben (z.b. durch Humor, durch persönliche Bemerkungen), ist erst möglich, wenn die Fakten klar- und ihre zwingende Logik dargelegt sind. Dann hat sich der Redner als fachkompetent erwiesen und kann ansatzweise die Ebene wechseln.

In Business-Gesprächen, wie Besprechungen, Verhandlungen usw. sind Deutsche zielstrebig, weil sie ihre Sache weiterbringen wollen. Sie reden nicht lange um den heißen Brei, sondern kommen auf den Punkt, um zum Kern ihrer Unterhaltung vorzustoßen. Sie konzentrieren sich auf die ihnen relevant erscheinenden Aspekte Abschweifungen, Smalltalk oder zeitaufwendige Kontakte erscheinen ihnen als Zeitverschwendung.

Entscheidungen und Handlungen, für die es Sachargumente, aber auch subjektive Affinitäten gibt, werden überwiegend in ihren Sachaspekten dargelegt. Es erschiene als Schwäche, Subjektivem ein zu hohes Gewicht beizumessen. Das sachlich Sinnvolle, Richtige und Notwendige hat den Ausschlag zu geben. Und wie man dazu persönlich steht, kann allenfalls durchschimmern.

Wenn Deutsche Ausreden benutzen, dann führen sie Sachargumente an, die zwar nicht falsch sind, aber doch am Kern vorbeigehen. Persönliche Ausreden werden kaum akzeptiert.

Vor- und Nachteile:

Auch dieses deutsche Muster hat zwei Seiten:

Sein großer Vorteil liegt darin, daß die Fixierung auf die sachlichen Aspekte eine sehr stringente Verfolgung der Ziele und ein sehr weitgehendes Einhalten der Pläne und Strukturen erlaubt. Denn das, was einer solchen Orientierung des öfteren entgegenstünde - wie momentane Befindlichkeiten, individuelle Empfindlichkeiten usw. -, interessiert einfach nicht. Das Ausblenden dieser Steine auf dem Weg zum Erfolg ist ein maßgeblicher Baustein deutscher Effizienz.

Doch der Sachbezug hat - das empfinden Deutsche wie Tschechen - den Preis von Härte und Strenge (vgl. 2.4.) So sehr Deutsche das im Hinblick auf manches ehrgeizige Resultat begrüßen, so sehr können auch sie leiden, wenn unter der Fahne von „Sachzwängen" mitunter Entscheidungen getroffen und Taten verlangt werden, die für ihr subjektives Empfinden zu weit gehen und ihr Wohlbefinden deutlich beeinträchtigen.

Deutsche können wirklich sehr sachorientiert und dabei auch konstruktiv sein. Mitunter kann man sich jedoch hinter dem Sachbezug auch gut verschanzen. Selbst wenn es überwiegend Gefühle oder subjektive Überlegungen sind, die jemanden zu einer bestimmten Handlung oder Entscheidung bewegen, dann wird das nicht offengelegt, sondern es werden Sachargumente, die es auch (!) mehr oder weniger deutlich geben mag, vorgeschoben. Oder wenn Deutsche unfaire Spiele spielen, dann verstecken sie diese u.U. hinter dem Anschein von Sachlichkeit, Sachzwängen, obwohl es ihnen eigentlich darum geht, zu konkurrieren, zu beeindrucken, jemanden auszuspielen, Macht zu demonstrieren, sich Vorteile zu verschaffen. In diesen Fällen ist es nicht auf Anhieb zu erkennen, was am Verhalten Deutscher wirklich und was scheinbar sachorientiert ist. Aber: Den Verdacht, daß das Verhalten anders als sachlich motiviert ist, hegen Tschechen und viele andere Nicht-Deutsche stets. Doch, das muß fairerweise gesagt werden, sie haben damit wesentlich seltener recht, als sie meinen! Deutsche sind nämlich viel klarer und viel länger auf der Sachebene als das Außenstehende wahrhaben (wollen). - Aber wenn Menschen taktieren und kämpfen, dann eben mit den Bandagen, die sie besonders gut beherrschen. Das ist bei Deutschen nicht anders und daher verfallen sie dann auf ... den Sachbezug.

Der Sachbezug kann auch Blüten treiben, die über das gewünschte Maß hinausgehen. Mancher ist so sachorientiert, daß er sich überhaupt schwertut mit Gefühlen - auch im persönlichen Bereich. Oder ab und an helfen Arbeit und die völlige Konzentration auf eine Sache über private emotionale Krisen und echte menschliche Probleme vermeintlich hinweg und wir haben jemanden, der sich und anderen eine scheinbare Stärke vorspielt, vor uns oder einen sog. „Workaholic". - Doch diese Fälle sind Ausnahmen und fallen auch Deutschen als verdächtig und anormal auf. Es ist aber nicht zu leugnen, daß derartige Erscheinungen durch die Sachorientierung begünstigt werden.

2.1.3. Die Dynamik des Kulturstandardpaars „Personbezug - Sachbezug"

Bei diesem Kulturstandard ist das Mischungsverhältnis zwischen den Polen Sachbezug und Personbezug eine häufige Ursache für Konflikte zwischen Tschechen und Deutschen. Denn Deutsche sind bei weitem nicht nur sachorientiert und Tschechen nicht nur personorientiert, sondern der Kulturunterschied liegt im Primat und in der

Betonung der Pole, im WIE des Mischungsverhältnisses. Deutsche sind (im Berufsleben) inhaltlich betont sachorientiert, genau wie dargestellt. Aber während sie das sind, stellen sie eine Beziehungsebene her und pflegen diese. Beispiele:

Jemand erweist sich als sachlich gut vorbereitet und kompetent, eben als Experte auf seinem Gebiet. - Das läßt Anerkennung und Wertschätzung wachsen und man arbeitet daher mit dieser Person künftig gerne(!) zusammen. Eine positive Beziehungsebene ist dadurch grundgelegt.

Jemand teilt zu Beginn und während einer Kooperation eine Menge an Wissen sowie relevanten Fakten, Daten, Zahlen, Hintergründen mit. Er überhäuft seinen Kollegen fast mit Informationen schriftlicher oder mündlicher Art. - Auf der Beziehungsebene signalisiert er damit höchste Kooperationsbereitschaft, den er teilt praktisch sein gesamtes Know-how mit seinem Partner und stellt sich ihm somit quasi ganz zur Verfügung.

Es gibt Schwierigkeiten und der Kollege zeigt sich als überlegt und klar analysierend. Er bringt Zeit und Energie auf, dieses Problem anzugehen. - Das ist eine engagierte Person, die Respekt verdient und der gegenüber man sich ebenso benehmen wird. So pflegt man eine kollegiale Beziehung.

Die Zusammenarbeit dauert bereits Jahre. Stets war der Partner um gute Resultate bemüht, Einbrüche im Streben um das Gelingen der Sache waren nicht zu verzeichnen. - Das ist eine dauerhafte, verläßliche Beziehung.

Umgekehrt gilt nun das Dargestellte auch vice versa: Wenn jemand nicht vorbereitet ist, verdient er keine Anerkennung, eine Beziehung zu ihm ist von vorne herein zunichte gemacht. Wer sich bei Schwierigkeiten drückt, läßt den Kollegen (nicht nur die Sache!) im Stich. Wer wechselhaftes Engagement zeigt, dem ist ganz offensichtlich die Kooperation mit seinem Partner(!) nicht besonders wichtig. In einem derartigen Fall bleiben Deutsche plötzlich gar nicht mehr nur sachlich, sondern reagieren ganz offensichtlich verärgert oder gekränkt. Das verwundert Tschechen dann sehr. Und der Grund dafür liegt im verborgenen: Über die Sachebene und das Engagement auf der Sachebene definieren Deutsche ihre beruflichen Beziehungen - ohne das jemals zu sagen.

Im Gegensatz zu den Deutschen bauen Tschechen über die Beziehungsebene die Basis für die Sachebene auf: Wen man mag, für den tut man viel. Für jemanden, den man als einen guten Menschen betrachtet, engagiert man sich auf der Sachebene der Kooperation.

Der interkulturelle Konflikt ließe sich damit als vereinfachendes Bonmot so beschreiben: „Wenn Sie gut arbeiten, dann mag ich Sie" denkt sich der deutsche Partner. „Wenn wir uns mögen, dann arbeite ich gut" ist das Leitmotiv des tschechischen Partners.

<u>Empfehlungen für Deutsche, die mit Tschechen arbeiten:</u>

1. Gehen Sie nicht davon aus, daß etwas akzeptiert oder gar gemacht wird, nur weil es sachlich einsichtig erscheinen müßte. (Zur sachlichen Einsicht müssen nun noch diverse motivationale Faktoren hinzukommen.- Vgl. 2.4.) Alleine mit der Reduktion dieser Erwartung ersparen Sie sich schon viel Ärger.

2. Seien Sie sich dessen bewußt, daß es genau diese deutsche Sachorientierung ist, die unsympathisch wirkt und Stereotype wie „Kälte", „Unnahbarkeit", „Arroganz" nährt.

3. Ergänzen Sie diese Ihre Sachorientierung um Elemente des Gegenpols Personorientierung. Zeigen Sie sich als „Mensch" und zeigen Sie dem Partner deutlich, in welchem persönlichen Bezug Sie zu ihm stehen oder zu stehen wünschen.

4. Betreiben Sie kein Spiel mit der Beziehungsebene. Setzen Sie persönliche Beziehungen nicht instrumentell ein. Zum einen werden Sie nach kurzer Zeit sowieso durchschaut werden, zum anderen wirkt auf Dauer nur Authentizität. Bemühen Sie sich um die Herstellung eines echten Kontakts, wie er zu Ihnen und Ihren tschechischen Kollegen paßt. Versuchen Sie die Tschechen, mit denen Sie zu tun haben, ehrlichen Herzens wertzuschätzen. Diese echte Sympathie, dieses wirkliche Interesse vermittelt sich. Die Leute wollen wertgeschätzt werden, nicht „regiert" oder ausgenutzt. Suchen Sie nach dem, was Sie persönlich tatsächlich anspricht, vielleicht sogar in den Bann ziehen oder zum Tschechophilen machen kann.

5. Bemühen Sie sich, zu Beginn einer Kooperation schon eine Beziehungsebene zu installieren und die Sachebene „gebremster" zu verfolgen. Schaffen Sie dazu Foren für persönliche Begegnungen. Wenn man sich kennenlernt, kann Sympathie entstehen. „Der ist nicht blöd, er ist eigentlich sympathisch" könnte das Urteil Ihres tschechischen Gegenübers lauten und dann haben Sie die beste Basis für eine Zusammenarbeit.

6. Investieren Sie in die Beziehung zu den Leuten, mit denen Sie regelmäßig zu tun haben. Nehmen Sie sich Zeit dafür. Wenn Sie von Deutschland aus mit Tschechen zusammenarbeiten, heißt das notwendigerweise viele Besuche zu machen und auch viele Gegeneinladungen auszusprechen. Das Motto „Kommen, kommandieren, kontrollieren, kritisieren", wie das Tschechen vielen Deutschen nachsagen, funktioniert sicher nicht. - Trotzdem gilt: Eine gute Beziehungsebene ist eine notwendige Bedingung zur Zusammenarbeit, keinesfalls aber eine hinreichende (vgl. 2.4.).

7. Beziehungen brauchen Zeit, bis sie sich entwickeln. Vermeiden Sie gutgemeinte „Kontaktüberfälle" auf Ihre tschechischen Kollegen. Sic können die Entwicklung nicht vorsätzlich beschleunigen, sondern Sie können nur so, wie Sie eben als Person sind, offen sein für Kontakte. Andernfalls machen Sie sich verdächtig (Was will der?).

8. Im Gespräch sollten Sie trotz Zeitdruck auf den Menschen eingehen. (Nebenbei: Die Zeit, die Sie hier aufbringen, „kriegen" Sie wieder „herein", weil keine Nacharbeit gemacht werden muß.)

9. Als Führungskraft tschechischer Mitarbeiter sind Sie mehr als in Deutschland in Ihrer Eigenschaft als sozialer Ausgleichsfaktor gefragt. Bei Konflikten beispielsweise muß die Interaktion viel mehr über Sie, den Chef, laufen: Sie müssen die Gefühle immer wieder rausnehmen und mit jedem sachlich und seine Perspektive betreffend arbeiten. (Doch auch zur Konfliktregulation werden wir unter 2.7. noch vieles sagen.)

10. Wenn Sie Personalauswahl betreiben, dann geben Sie der sozial kompetenteren Person den Vorzug. Die Fähigkeit, Beziehungen aufzubauen, ist der Schlüssel zum Erfolg, wie wir im Verlauf des Buches noch zunehmend sehen werden.

11. Installieren und pflegen Sie in der Firma bewußt den „sozialen Faktor" im formellen wie im informellen: Feiern, Dienstreisen, Extra-Belohnungen für besonders gute Arbeit, Kredite, Zuzahlungen zum Essen, Einladungen zum Essen nach einer großen Aktion... und was Ihnen sonst noch einfällt.

12. Im Idealfall sollte es Ihnen möglich sein, für (sachliche) Probleme eine persönliche (individuelle, situativ angepaßte) Lösung zu suchen, die erkennbar die Bedürfnisse der tschechischen Kollegen bzw. Mitarbeiter einbezieht.

<u>Empfehlungen für Tschechen, die mit Deutschen arbeiten:</u>

1. Gehen Sie davon aus, daß Sie im beruflichen Kontakt Deutsche vorwiegend betont sachorientiert erleben. Erwarten Sie nichts anderes, das erspart Ihnen Enttäuschung.

2. Gehen Sie aber auch nicht davon aus, daß diese Sachorientierung alles ist, wozu Deutsche fähig sind. (Wann Sie sie anders erleben können, erläutern wir unter 2.5.)

3. Wenn Sie Deutsche von etwas überzeugen wollen oder für etwas gewinnen wollen, dann bereiten Sie Ihr Anliegen sachlich auf. Lassen Sie sich auf Problemanalysen ein und bringen Sie hier die Punkte vor, die aus tschechischer Sicht wichtig und entscheidend sind. Überlegen Sie sich Argumente, geben Sie Ihrer Darstellung einen logischen Faden, untermauern Sie Ihre Überlegungen mit Fakten. Dann hören Deutsche Ihnen wirklich zu, treten in ein Gespräch mit Ihnen ein und beginnen, Sie als Partner zu schätzen.

4. Wenn Sie auf „weiche" Faktoren fokussieren wollen, dann kleiden Sie auch diese in ein sachliches Gerüst und überlegen Sie sich so stichhaltige Argumente wie möglich. Oft ist eine Quantifizierung sehr nützlich. Dabei dürfen Sie ruhig von Schätzungen ausgehen, die eben so realistisch wie möglich sind.

5. Machen Sie sich bewußt, daß Deutsche über die Sache Beziehungen stiften. Versuchen Sie diese Signale wahrzunehmen und nehmen Sie das Beziehungsangebot, das darin steckt, an.

2.2. Kulturstandardpaar: *Abwertung von Strukturen* versus *Aufwertung von Strukturen*

Zentrale Frage:

Welche Einstellung herrscht gegenüber Strukturen?

2.2.1. Der tschechische Kulturstandard „Abwertung von Strukturen"

Definition:

Tschechen stehen Strukturen skeptisch gegenüber. Stattdessen lieben sie es, zu improvisieren. Sie halten es für eine ihrer charakteristischen Eigenschaften, flexibel, geschmeidig, findig zu sein. Diese Eigenschaft erfüllt sie mit Stolz: kreativ sein, gestalten, spielen - das bevorzugen sie allemal. Das ist - so sind sie weithin überzeugt - auch der Boden, auf dem neue und gute Ideen gedeihen können.

Während für Deutsche jede Form von Plan hilfreich ist, weil er Zeit und Inhalte (die Sachebene) organisiert, erleben Tschechen einen Plan als Einschränkung: Er organisiert in ihren Augen nicht die Sache, sondern die Person(!). Deshalb ist es verständlich, daß sie ihn tendenziell ablehnen. Tschechen gehen zudem davon aus, daß sich irgendjemand am grünen Tisch diesen Plan oder diese Norm willkürlich ausgedacht hat, ohne eine Ahnung davon zu haben, ob das tatsächlich sinnvoll oder gar notwendig ist. Normen, Vorschriften und Gesetze werden a priori sehr oft für dumm und unsinnig gehalten. Wer sich nun daran hält, erweist sich als einfältig und nicht-mitdenkend. Intelligenz besteht darin, sie zu umgehen. Ob das in der jeweiligen konkreten Situation stimmt, sei dahingestellt. Tatsache ist, innerlich erfolgt eine Abwertung der außen wahrgenommenen Struktur.

Das Besondere an diesem Kulturstandard ist neben der Fähigkeit, auf improvisierende Art handeln zu können, das innerliche, subjektive Erleben der Improvisation als Freiheit und Souveränität. Weil das so ist, hat dieser Kulturstandard eine enorme Reichweite: Tschechen zeigen geradezu ein prinzipielles Mißtrauen und grundsätzliche Zweifel an allem (Gegenständen, Verfahren, Personen...), was sie nicht kennen und ihnen neu ist. Sie werden das Neue untersuchen und überprüfen, vielleicht etwas abändern und dann entscheiden, ob sie dieses Neue für gut halten oder nicht. Man will sich zum einen nicht übervorteilen lassen, sagen sie. Sie seien nun mal in der schwächeren Position und müßten sehr vorsichtig sein. Also müsse man etwas erst ausprobieren, das Resultat abwarten und dann sein Handeln aufgrund der Ergebnisse fortsetzen oder nicht. Man will sich zum anderen, wo immer man Einschränkung wittert, improvisierend verhalten zur Rettung der inneren Würde als freier Mensch. Man will damit sowohl das Gefühl der Wahlfreiheit seiner Handlungen haben wie auch sich selbst und anderen seine Würde und Intelligenz beweisen.

Daß diese Eigenschaften auf Kosten der Qualität, der Perfektion, der Optimalität der Sache gehen können, ist Tschechen kein Problem. Hier zeigen sie sich großzügig.

Die „Abwertung von Strukturen" beinhaltet daher folgende Qualitäten:

1. Findigkeit zur Wiederherstellung der als bedroht erlebten Freiheit (Reaktanzphänomene)

2. Kreativität / Einfallsreichtum / Improvisation i.e.S.

3. geringerer Qualitätsanspruch

4. Gelassenheit.

Darstellung:

<u>Reaktanz als Grundmotiv für die Abwertung der Strukturen</u>

Psychologische Reaktanz entsteht dann, wenn eine Person glaubt, sich grundsätzlich frei verhalten zu können, dann aber eine Einengung erlebt, so daß die Freiheit geringer wird oder ganz aufgehoben ist. Nun entsteht eine motivationale Erregung, die eliminierte Freiheit wiederherzustellen und diese bezeichnet man als „Reaktanz". Tschechen zeigen eine im Datenmaterial auffällige Fülle derartiger Verhaltensmuster:

Formalismen erwecken bei ihnen Mißtrauen und Zweifel, Befehle führen zu großer Reserviertheit, zu klare Handlungsvorgaben wirken freiheitsberaubend und bevormundend und provozieren geradezu Nichteinhaltung. Taucht das Gefühl der Unfreiheit auf, dann ist die Wahrscheinlichkeit hoch, daß eben diese Vorgaben zu umgehen versucht werden. An der Mitgestaltung von Arbeitsprozessen, Arbeitsweisen und beruflichen Rollen nicht beteiligt zu werden, sondern diese Prozesse nur ausführen oder umsetzen zu müssen, wird als degradierend empfunden. Denn es herrscht die Tendenz, bereits mit Arbeitsbeginn ein von außen gestecktes Ziel oder eine von außen kommende Entscheidung anzuzweifeln. Man geht a priori davon aus, daß das Ziel nicht erreicht werden muß, daß es auch andere Möglichkeiten geben wird. „Disziplin ist Tschechen nicht angeboren" nannten das unsere Interviewpartner. Oder Tschechen sagen von sich selbst, sie wollen keine „gezähmten Affen" sein, sondern sich selbständig und unabhängig fühlen. Darin liegt ihr Stolz. Das geht u.U. so weit, daß auch besprochene Regeln und Termine und daß Vereinbarungen nicht strikt eingehalten werden. Man liebt stattdessen eine gewisse Freiheit im Handeln.

Die Ausgangsvoraussetzung für eine Zusammenarbeit ist also zunächst einmal: Skeptisch beim Handeln die Bremse ziehen, wenn der eigene Freiheitsgrad bedroht scheint. Es ist denn auch fast ein Sport, sich bei einer Vorschrift oder Anweisung sofort zu überlegen, wie man das, was da verlangt würde, auch anders machen könnte. Man will nicht gehorsam sein und folgen!

Ein verbreiteter Führungsstil unter Tschechen läßt konsequenterweise dem Mitarbeiter denn auch Freiraum, wie er die gesetzten Ziele erreicht. Die Resultate werden kontrolliert, nicht der Weg. („Freiheit statt Organisation")

Ist die Anfangsskepsis überwunden und Tschechen sind im Begriff, innerhalb einer Struktur zu agieren, dann nimmt diese Haltung folgende Form an:

Man legt sich nicht gerne fest. Klare Entscheidungen würden nämlich keinen Ausweg mehr offen lassen. Und das will man vermeiden.

Man übernimmt nicht gerne Verantwortung, sondern bürdet sie lieber Hierarchien auf. Damit kann man sich einen Schleichweg offenhalten, denn von den Hierarchieträgern grenzt man sich natürlich ab und wird ihnen nicht einfach Folge leisten.

Tauchen Hindernisse auf - von außen, von innen, subjektive oder objektive -, dann setzt die praktische Intelligenz und „tschechische Schläue" ein, wie das System, in dem man sich befindet, ein bißchen zu „erweitern" und das Hindernis zu umgehen ist. Man tröstet sich mit dem Motto: „Wenn etwas nicht so geht, wie ich es intendiert habe, dann wird es anders gehen." Und dann macht sich ein „tschechisches kleines Spielerchen" auf die Suche, ein „Weglein" zur Lösung zu finden. Man setzt beispielsweise in größeren Projekten seine informellen Kontakte, in kleineren

Projekten sein Improvisationstalent i.e.S. ein und versucht zu tun, was man eben für die beste Möglichkeit im Sinne eines „Wegleins" hält. Hat man damit Erfolg, ist man sehr stolz. Auf diese Art finden sich diverse Schlupflöcher und Hintertürchen und Tschechen sind eventuell schon mal zur Überschreitung ihrer Kompetenz bereit.

Findigkeit ist das Wort, mit dem man die Qualität dieses Handelns beschreiben kann: Spielräume wittern und nutzen. Das Motto angesichts eines im Prinzip klaren Regelwerks heißt oft: „Eigentlich geht es (= das, was man gerade im Begriff ist zu tun) nicht, aber probieren wir es." Deshalb, erzählte ein tschechischer Vater, besteht ein tschechisches Erziehungsziel darin, Kinder zu lehren, daß bei einem Nein die Klugheit zur Durchsetzung des eigenen Willens erst beginnt. Regelverstöße, sich dumm stellen, ein kleiner Trick usw. verursachen kein schlechtes Gewissen, wenn man dadurch seine Ziele erreicht.

Und ist man am Ende einer Handlung angekommen - selbst wenn man das intendierte Ziel akzeptiert und erreicht hat -, dann will man sich immer noch sagen können: Ich habe das aufgrund einer eigenen Idee erreicht, ich habe den Befehl nicht befolgt.

Wenn Tschechen keine Möglichkeit zum „Ausbüchsen" oder zur Beeinflussung einer Sache haben, dann machen sie mit und erfüllen die an sie gestellten Erwartungen. Sie sehen vielleicht, daß etwas läuft und lassen das dann auch laufen. Aber sie bewahren sich noch immer eine innere Distanz und unterhalten sich z.B. informell darüber, wie blöd das ist, was sie zu tun haben.

Reaktanz heißt sehr häufig Widerstand. Nicht umsonst wurden Tschechen weltberühmt als Musterbeispiele für „passiven Widerstand". Und diese Fähigkeit setzen sie selbstverständlich auch gegen empfundene deutsche Dominanz in der wirtschaftlichen Zusammenarbeit allerorten ein.

Kreativität, Einfallsreichtum und Improvisationsliebe im engeren Sinne

Ein derartiges Verhalten ist nur möglich, wenn man wirklich einfallsreich und kreativ ist und improvisieren kann. Das ist bei Tschechen gegeben:

Es macht Tschechen Spaß, etwas ohne Fachmann zu bewältigen und zu beweisen, daß man etwas (doch) schafft, daß man sich zu helfen weiß. Bei allen Bevölkerungsgruppen ist daher beispielsweise Basteln und Werken beliebt. Überhaupt werden viele Probleme des privaten und beruflichen Alltags mit Engagement und gerne gelöst. Das beginnt z.B. beim Reparieren diverser Dinge und beinhaltet Überlegungen bzgl. eines erweiterten Nutzungszwecks einer Maschine oder den flexiblen Einsatz unterschiedlichster (handwerklicher) Fähigkeiten.

Wird es einmal knifflig, hat es schon fast Sportcharakter, daß jemandem auf Anhieb eine gute Lösung für ein Problem einfällt. - Klar, daß Tschechen die von Deutschen bevorzugten gründlichen (Prozeß)Analysen, um Verfahrensweisen auf Fehlerquellen hin zu untersuchen und dann per Umstellung zu optimieren, nicht lieben. Was sie dagegen mit größter Freude und mit Stolz erfüllt, ist, wenn sie einen positiven Überraschungseffekt lancieren können - ganz besonders gegenüber Deutschen. „Daß wir das schaffen - da schaut Ihr?!"

Vorbereitung für etwas heißt i. a.: Vorbereitung der ersten Schritte. Dann sehen wir... Längerfristige Planungen sind daher oft nicht so vorausschauend und stringent, wie das Deutsche gewohnt sind, sondern kalkulieren eine spontane, gekonnte Reaktionsfähigkeit von vorne herein mit ein. - Da die Erfahrung lehrt, daß in den meisten Fällen ohnehin etwas geändert werden muß und nicht so durchgeführt werden kann, wie man sich denkt, beweist die Einstellung „Es hat sowieso keinen Zweck" nur ihren Realitätssinn, glauben die Tschechen.

Man vertraut auf seine Improvisationsfähigkeit und bereitet sich z.B. für Besprechungen oder Verhandlungen des öfteren gar nicht vor, weil man darauf baut, mindestens in 50% der Fälle mit seiner Improvisationsgabe die Sache zu meistern.

Tschechen sehen insofern also Improvisation keineswegs als die letzte Möglichkeit an, eine Situation zu retten, wenn sie unvorbereitet „erwischt" werden, sondern sie improvisieren oft und gerne und sozusagen vorsätzlich.

<u>Qualitätsanspruch</u>

Qualität ist weithin als Funktionsfähigkeit definiert. Darüber hinausgehende Kriterien gelten schnell als zu perfektionistisch. Die gesteckten Ziele sind eben gut genug zu erreichen. Insofern ist die Toleranz für „suboptimale" Arbeit höher und zwar je nach Zusammenhang in diversen, denkbaren Facetten: von dem Anspruch an Sauberkeit, über die Toleranz bzgl. nicht-fertiggestellter Arbeiten bis zur Unwichtigerachtung absoluter Fehlerfreiheit. Auch das Streben nach der besten Lösung ist, wenn der Aufwand groß ist, gebremster.

Abweichungen von Plänen oder das Auslassen von Schritten werden toleriert. Das ist möglich, denn schließlich kommt es auf das Ergebnis an, nicht auf das genaue Befolgen des Plans.

Diese Differenz führt v.a. in Produktionsprozessen zu vielen Problemen zwischen Tschechen und Deutschen. Arbeitsorganisation und Arbeitsplanung beschreiben Tschechen auch selbst nicht als ihre Stärke: Oft ist irgendetwas vergessen, der Zeitplan nicht eingehalten usw. - Aber eine diesbezügliche Perfektion streben sie gar nicht an. Sie lassen die Intuition regieren. Und nebenbei sei angemerkt, daß Arbeitsorganisation auch keinen wissenschaftlichen Hintergrund hat. Die Modelle, die gelehrt werden, sind mathematische, störungsfreie Modelle mit betont auffällig geringer Praxisrelevanz.

Gelassenheit

Aus all dem erwächst eine im Vergleich zu Deutschen große Gelassenheit. Tschechen sind nicht leicht aus der Ruhe zu bringen, sondern fallen als lange geduldig und fast stoisch auf. Ihre Devise ist eher: Die Probleme auf sich zukommen lassen und Ruhe bewahren! Einige Zitate aus den Interviews sprechen für sich: „Ein Drittel der Probleme löst sich sowieso von selbst, ein Drittel mit geringem Aufwand, ein Drittel sollte man zu gegebener Zeit angehen." „Wenn es sich nicht um's Überleben handelt, dann geht es nur um Sch...." Den bevorzugten Stil im Problemlöseprozeß charakterisieren sie selbst so: Wenn ein Problem da ist, gilt es, in Ruhe darüber nachzudenken und evtl. einen Weg zu finden, wie das Problem am leichtesten zu umgehen ist. Das Ziel besteht nicht darin, das Problem gleich zu lösen.

Somit liegt die Schwelle, an der Tschechen Handlungsbedarf sehen, später als in Deutschland. Und manches Problem wird „ausgesessen", d.h. es wird darauf vertraut, daß es sich von selbst erledigt. „Nichts ist so heiß, wie es aussieht." Das ist die tschechische Überlebensphilosophie. Es kann vorkommen, daß von Forderungen von vorne herein gedanklich bereits 50% abgezogen werden. Der Rest gilt als das, was der Wirklichkeit entsprechen dürfte.

Vor- und Nachteile:

Die Nachteile eines Handelns, wie wir es hier beschreiben, liegen - auch von Tschechen unbestritten - in der Güte der Ergebnisse: Die Qualität kann wirklich leiden, eine Sache kann sogar Schaden nehmen, ein Ergebnis kann suboptimal bleiben, ein Resultat nicht rechtzeitig fertiggestellt sein.

Dafür sind die Vorteile der Improvisationsfähigkeit nicht zu unterschätzen: Manchmal schaffen Tschechen etwas, was eigentlich nicht geht, denn sie finden einen Weg. Manchmal sind sie schneller, als erwartet, weil ihre Findigkeit sie alle Register ziehen läßt. Manchmal warten sie mit positiven Überraschungen auf, was heißt, daß sie mehr tun, als eigentlich erwartet werden würde.

2.2.2. Der (west)deutsche Kulturstandard „Aufwertung von Strukturen"

Definition:

Deutsche lieben Strukturen. Dahinter steckt:

Deutsche streben in ihrem beruflichen Handeln nach einem „Optimum", das sie mit Hilfe von Strukturen erreichen zu können glauben. Sie wollen die Dinge, die sie tun, möglichst gut machen und sich einem Optimum/Maximum möglichst weitgehend annähern. Sie stecken sich daher qualitativ hochwertige Ziele (hohe Produktqualität; hoher Organisationsgrad der Logistik usw.) und wollen dann einen möglichst reibungslosen, gangbaren und effektiven Weg zu diesem Ziel beschreiben. Als *die* Art und Weise, wie dieses Optimum zu erreichen ist, gelten Strukturen, Systeme und Normen, die Uneindeutigkeiten, Unsicherheiten und damit Störungen ausschalten sollen.

Im Kontrast zur tschechischen Skepsis liegt die entscheidende Grundeinstellung Deutscher bzgl. beruflicher Normen und Systeme nun des weiteren darin, daß man Strukturen i.a. als „geronnene Erfahrung" betrachtet. Hier hat sich nicht jemand willkürlich eine Norm ausgedacht, die im Grunde sinnlos ist und auch ganz anders sein könnte, sondern hier schlugen sich die Erfahrungen vieler nieder, die bereits an diesem und ganz ähnlich gelagerten Problemen gearbeitet haben. Der nunmehr als Struktur vorhandene Weg erwies sich dabei als gut und effektiv und deshalb ist man gewillt, diesen Weg auch künftig zu beschreiten. Das gilt für sämtliche Tätigkeiten in der Produktion, aber auch für viele Verwaltungsabläufe oder sonstige, irgendwie auf Routine basierenden Arbeiten. Hat jemand Kritik an diesen Verfahren zu äußern, kann er das als Verbesserungsvorschlag und als Weiterentwicklung tun. Daß ein einzelner jedoch klüger wäre als die „geronnene Erfahrung" vieler, die ebenfalls

Fachleute auf ihrem Gebiet sind bzw. waren, wird nur in Ausnahmefällen und aufgrund sehr stichhaltiger Argumente akzeptiert.

Mit anderen Worten: Hinter ihren Systemen und Normen sehen Deutsche i. a. viel Sinn. Regelungen sind für sie gleichbedeutend mit (bewährten) Problemlösungen. Die Normen haben geradezu Symbolcharakter für „beständige deutsche Wertarbeit" oder für Fortschritt im Sinne einer kontinuierlichen, verbessernden Veränderung.

Der Kulturstandard „Aufwertung von Strukturen" ist somit folgendermaßen zu definieren:

Um (1) das Erreichen ihres relativ hohen Qualitätsanspruchs absichern zu können, sind Deutsche (2) planerisch, strukturierend und organisierend tätig (3) bis ins Detail. Das Grundmotiv ist dabei, ein Maximum an Orientierung und Unsicherheitsvermeidung sowie eine Risikominimierung zu erreichen. Das ist im beruflichen Feld gleichbedeutend mit Qualität: nichts Wichtiges übersehen, keinen Fehler machen.

<u>Organisationsliebe</u>

Gilt es, ein Ziel zu erreichen, dann möchten Deutsche möglichst aktiv - nicht reaktiv - planen und organisieren sowie dann möglichst störungsfrei handeln können. Sie bemühen sich daher, ihre Vorhaben prophylaktisch „in den Griff" zu bekommen und erstellen sich selbst „Systeme". Firmenabläufe werden standardisiert, Verfahren vereinheitlicht, Zuständigkeits- und Kompetenzbereiche definiert, Arbeitsteilungen klargelegt, Informationsflüsse formalisiert, Modelle für Problemlösungen schematisiert usw.. Bei alledem gelten umfassende und vorausschauende Aktivitäten als ideal, eine Ad-hoc-Organisation dagegen als Notlösung zum Ausbügeln einer suboptimalen Planung oder nicht vorherzusehender Schwierigkeiten.

<u>Detailorientierung</u>

Den unübersehbaren Perfektionsanspruch setzen sie in ihren Planungen in ein mentales Modell um und denken dann deduktiv weiter: Sie brechen ihre Ideen bis ins Kleinste herunter. Nicht nur, daß sie also gerne organisieren und planen, sie machen das sogar noch ziemlich detailverliebt. Sie achten in vielem auf Kleinigkeiten und tun sie nicht als nebensächlich ab. Darin steckt für deutsches Empfinden oft sogar die wahre Qualität einer Sache, aber auch die eigentliche Problematik („Der Teufel steckt im Detail").

Es ist somit kennzeichnend, daß Deutsche

- exakte, detaillierte Planungen vornehmen;

- vorsorglich auf Fehlervermeidung achten;

- gut vorbereitet sind für Besprechungen und Verhandlungen;

- der Ordentlichkeit i.e.S. einen relativ hohen Stellenwert beimessen;

- detailliert präsentieren, erläutern und erklären.

Darstellung:

Den Perfektionsanspruch, die Organisationsliebe und die Detailorientierung Deutscher finden wir in zahlreichen Beispielen:

Deutsche planen gerne vorausschauend und langfristig.

Dabei sind sie risikoscheu: Sie versuchen, möglichst nichts dem Zufall zu überlassen, sondern Unwägbarkeiten und Risiken zunächst einmal durch möglichst umfassendes Planen auszuschalten. Sie wollen vermeiden, daß Unvorhergesehenes passiert und Änderungen nötig sind.

Entscheidungen können u.U. schon mal länger dauern, weil Deutsche versuchen, auf Nummer Sicher zu gehen und viele Eventualitäten in ihre Überlegungen und Planungen miteinzubeziehen. Sie möchten sich einen guten Überblick über die Sachlage verschaffen, sie überstürzen nichts, sondern überprüfen lieber ein zweites Mal.

Um später dann nachvollziehen und kontrollieren zu können, wer wofür genau zuständig ist, wie was exakt vereinbart war, bevorzugen Deutsche schriftliche Ausführungen, schriftliche Bestätigungen oder Zusagen, schriftliche Dokumentationen (Arbeitszeitnachweis, Leistungstabellen usw.). Damit ist im Rahmen einer beruflichen Tätigkeit viel „Schriftkram" und Bürokratie zu erledigen, was oft auch Deutschen lästig ist. Ihr Wert erweist sich aber sowohl im Zwang, damit genauer planen zu müssen, wie auch bei Problemen die disfunktionalen Stellen herausfinden und künftig optimieren zu können.

In der Produktion streben Deutsche nach 100% Fehlervermeidung, nach Genauigkeit, Präzision, Exaktheit. Ihre Zielvorstellung ist ein perfektes Produkt. Dazu wird penibel kontrolliert und pedantisch auf die Normen, die diese Ansprüche sicherstellen sollen, gepocht. Maßstab ist die Kundenzufriedenheit. Und diese Kunden deutscher Firmen und Konzerne legen beim Kauf der Produkte Wert auf Qualität - definiert als Fehlerfreiheit. Schließlich besteht darin für viele Branchen ein traditionelles Gütesiegel, das nicht auf's Spiel gesetzt werden soll. Das Image der Firma und damit ihre künftige Auftragslage und ihr weiterer Erfolg hängen daran. Somit sind tschechische Töchter deutscher Konzerne sowie Zulieferer für deutsche Firmen mit hohen, ihnen manchmal unnachvollziehbaren Ansprüchen konfrontiert. Dabei reicht es eben nicht, wenn nur das Wesentliche funktioniert. Die Perfektion erweist sich dann, wenn auch die unwesentlichen Dinge beachtet sind. Und um das zu erreichen, gilt es als unerläßlich, sich exakt (nicht ungefähr) an die Vorgaben zu halten.

Sitzungen und Besprechungen dienen dazu, den Informationsfluß in geregelten und nachvollziehbaren Bahnen laufen zu lassen. Damit soll gewährleistet werden, daß alle, die etwas wissen müssen, dieses auch erfahren und daß andererseits nichts übersehen wird. Manche Sitzung dauert, denn Deutsche erklären und diskutieren im Detail.

Dienstwege werden überhaupt eingehalten. Man spricht die laut Organigramm Zuständigen an und ist bemüht, Verantwortliche nicht zu übergehen.

Geldfragen werden exakt, d.h. auf die einzelne DM genau geklärt. Das ist eben auch Ausdruck von Exaktheit.

Checklisten verhindern, daß etwas vergessen oder übersehen wird.

Geschriebene und ungeschriebene Regeln und Verbote gibt es sehr viele - für fast alle Lebensbereiche, z.B. auch für die Höhe des Trinkgelds. Als anständiger, korrekter Deutscher möchte man sich an solche Normen halten.

Machtkämpfe laufen unter Deutschen als Streit um Zuständigkeiten und Kompetenzen.

Führungskräfte sind Repräsentanten der Strukturen. Ihnen gegenüber werden sich die Mitarbeiter daher dienstbeflissen im Sinne der Strukturen zeigen.

Vor- und Nachteile:

Die Vorteile dieses Musters liegen in folgendem:

Wenn ein System wirklich gut installiert ist, kann es tatsächlich gute Ergebnisse bringen. Es mag zwar eine gewisse Genialität fehlen, aber das Gesamtvolumen des Erreichten kann sich sehen lassen.

Deutsche empfinden es als Entlastung, wenn durch eine Struktur etwas übersichtlich und handhabbar geworden ist. Ein großes Stück „Denkarbeit" ist erledigt - sei es durch eigene Aktivität, sei es durch die Expertise anderer. Man ist zuversichtlicher, das Ziel auch erreichen zu können und kann sich daher jetzt „entspannter" an das Abarbeiten der Schritte oder das Ausfüllen seines Spielraums und Kompetenzbereichs machen. Das wirkt für Deutsche befreiend, nicht einengend!

Als Nachteile sind zu erwähnen:

Deutsche sind, nachdem sie eine Planung gemacht haben, darauf fixiert, diesen Plan jetzt auch in die Tat umzusetzen. Tauchen dabei aber Barrieren auf oder passiert Unvorhergesehenes, dann sind sie sehr oft wirklich aus dem Konzept geworfen und irritiert, was sie denn nun tun sollen. Schnelle Reaktionen fallen ihnen alles andere als leicht, Improvisation und Flexibilität sind nicht ihre Sache. Und mancher verliert seine Souveränität und reagiert panisch. - Tschechen beobachten das schmunzelnd und kommentieren es so: „Deutsche sind nicht fähig, selbständig zu handeln. Sie brauchen immer eine Organisation."

In großen Firmen wird dieses System von Strukturen aller Art, das dem eigenen Wirkbereich übergeordnete Angelegenheiten regelt, zunehmend bürokratisch und kann die Kooperation sogar erschweren, weil sehr viele Vorschriften, Kompetenzbereiche und Formalitäten zu berücksichtigen sowie Dokumentationen und Nachweise aller Art zu erbringen sind. Darüber klagen keineswegs nur Tschechen. Manches erscheint dabei zugunsten der Vereinheitlichung von Abläufen im Gesamtkonzern in einer konkreten Situation schon mal sehr fragwürdig.

Aufgrund der starken Arbeitsteilung und Spezialisierung kann die Transparenz des gesamten Projekts gelegentlich auch fehlen oder verloren gehen. Dann müssen die auftauchenden Probleme trotzdem situativ abgearbeitet werden und das „schöne System" nützt nichts.

Ein weiterer Nachteil dieser Organisationsliebe bis zum Detail liegt darin, daß einmal gesetzte Ziele und Strukturen beibehalten und durchgeführt werden, auch wenn sie nunmehr tatsächlich nicht mehr die optimalen sind, weil sich die Umweltbedingungen geändert haben. Man verläßt gewohnte Bahnen und Verfahren nur schwer. Man ist zu sehr auf die Einhaltung der Planung, der Beschlüsse, der (vermeintlichen) fehlervermeidenden Vorgehensweisen fixiert, so daß man das Ganze aus dem Blick verloren hat. Das System erstarrt und unterbindet die eigentlich notwendige Flexibilität.

Der Hang zur Systematik und der daraus zweifellos oft resultierende Erfolg verleitet Deutsche u.U. ganz besonders dazu, von sich als Experten sehr überzeugt zu sein und das Gespür dafür zu verlieren, wann im Empfinden der Tschechen die Grenze zur Arroganz überschritten ist.

2.2.3. Die Dynamik des Kulturstandardpaars „Abwertung von Strukturen - „Aufwertung von Strukturen"

Um Strukturen abwerten zu können, müssen sie zunächst einmal gegeben sein. Genau das ist das tschechische Dilemma: Tschechen wollen sehr wohl Strukturen als Rahmen für ihr Handeln, als Verdeutlichung der Erwartungen, als Leitfaden, als Information. Aber sie wollen Strukturen nicht als bindende Verpflichtung, sondern als Spielwiese für die nun einsetzende Improvisation. „Ja, so ungefähr also..." kennzeichnet ihre Einstellung. Durch die Improvisation will man mit der Struktur jonglieren und eine Chance haben, seine Persönlichkeit einzubringen. Insofern ist der gegenteilige Kulturstandard „Aufwertung von Strukturen" zunächst ebenfalls wirksam, aber der Pol „Abwertung von Strukturen" ist im dann folgenden Handeln der dominantere.

Zudem ist dieser Kulturstandard vor allem in unklaren oder unsicheren Situationen, bei der Aussicht auf Möglichkeiten der Veränderung oder in konflikthaft erlebten Konstellationen wirksam. Er bedeutet kein Ändern um des Ändern willens! Im Gegenteil: Tschechen sind (wie Deutsche) tendenziell konservative Leute und es gibt viele Situationen, in denen Strukturen eingehalten werden (zu den Voraussetzungen für dieses Phänomen vgl. 2.4.). Auf der formellen Ebene kann beispielsweise im

Zusammenhang mit Bürokratien ein Rigorismus in der Einhaltung von Normen erlebt werden, der „preußischer" nicht sein könnte. Oder im Kontakt mit Hierarchen sind (auf der formellen Ebene) hierarchische Rangfolgen genau zu berücksichtigen. (Das verursacht beispielsweise viele Schwierigkeiten dann, wenn deutsche, rangniedrige Experten meinen, einen tschechischen Chef beraten zu können.)

Auf der deutschen Seite ist zu sagen, daß die Struktur keineswegs nur dazu dient, Arbeit effektiv zu organisieren, sondern ebenso Freiräume zu schaffen oder Privilegien zu sichern. Wenn Pause ist, ist Pause, wenn Feierabend ist, ist Feierabend, wenn Urlaubszeit ist, ist nur schwer etwas zu erreichen. Es können sich auch Schlendrian, Faulheit und Bequemlichkeit eingeschlichen haben und dann „bewährtermaßen" erhalten bleiben unter Hinweis auf Regeln oder Zuständigkeiten. Die, die daran rütteln wollen, verteufeln die Struktur, die, die gerade davon profitieren, verteidigen sie. Beide werten sie um Grunde ab als sachlich nicht zieldienlich.

Empfehlungen an Deutsche, die mit Tschechen arbeiten:

1. Gehen Sie auf keinen Fall davon aus, daß die Wünsche oder gar Forderungen, die Sie äußern, einleuchtend sind. Wahrscheinlich sind sie es zunächst einmal nicht.

2. Erläutern Sie genau, weswegen Sie was wie wollen oder brauchen. Erklären Sie Ihre „Struktur"! Nur dann haben Ihre Anliegen eine Chance begriffen und (zumindest teilweise) eingehalten zu werden.

3. Rechnen Sie dann trotzdem damit, daß die Tschechen die Dinge ein bißchen variieren. Das ist für ihr Wohlbefinden sozusagen einfach nötig.

4. Versuchen Sie immer wieder, bewußt Raum für Improvisation zu lassen und dann darauf explizit hinzuweisen. (Vielleicht gelingt das dadurch, daß Sie das Ziel vorgeben und den Tschechen große Teile des Weges überlassen. Jetzt kann die Kreativität zum Vorschein kommen.)

5. Wenn Sie klar und deutlich priorisieren, wann Ihre Struktur abgeändert werden kann und wann nicht, dann ist die Einhaltung einer *notwendigen* Norm den Tschechen viel leichter möglich, weil Sie ihnen damit nicht nur als „stur" erscheinen.

Empfehlungen an Tschechen, die mit Deutschen arbeiten:

1. Wittern Sie hinter Normen Deutscher nicht gleich Gängelei. Normen und das Pochen auf ihre Einhaltung sind weder gegen Sie gerichtet noch anti-tschechisch. Sie sind schlicht die Art und Weise, wie Deutsche zu einem Großteil Professionalität definieren. Falls es Sie beruhigt: Deutsche benehmen sich untereinander genauso.

2. Wenn Sie den Sinn einer Sache nicht einsehen, fragen Sie nach. Deutsche erklären gerne die Beweggründe für ihr Tun (auf ihren Kommunikationsstil kommen wir noch eigens unter 2.6. zu sprechen). Vielleicht wird Ihnen dann das Ansinnen - als das die Forderung erscheint - nachvollziehbarer. Die Dinge könnten sich als Teil einer überlegten, größeren Strategie erweisen und dann durchaus sinnvoll sein.

3. Es ist wirklich so: Für die Produktion macht der Kunde dem Lieferanten genaue Vorschriften. Diesbezüglich kann der Lieferant nicht improvisieren, es steht sonst die gesamte Auftragserteilung auf dem Spiel. Die Eckdaten des Kunden müssen möglichst zu 100 % stimmen. Setzen Sie Ihre Improvisation bei der Erstellung des Prozesses und dann bei der Optimierung des Prozesses ein, nicht zur Vereinfachung der Kundenwünsche. (Und das tun Sie bitte explizit und in den formellen Strukturen - doch das beschreiben wir Ihnen später.)

4. Wir können Ihnen versichern, daß Ihre Improvisationsliebe dann geschätzt wird, wenn Sie sie *innerhalb* der Strukturen benutzen, d.h. wenn Sie nicht das System „erweitern" oder ändern, sondern sachlich fundiert optimieren wollen.

2.3. Kulturstandardpaar: Konsekutivität versus Simultanität

Zentrale Frage:
Werden Dinge parallel oder hintereinander erledigt?

2.3.1. Der tschechische Kulturstandard „Simultanität"

Definition:

Simultanität bedeutet, daß Tschechen mehrere Dinge zur gleichen Zeit tun und sich keinesfalls nur auf eines beschränken.

Darstellung:

Diese simple Feststellung hat eine Menge Konsequenzen:

Tschechen lieben es, vieles gleichzeitig zu tun und zwischen den Handlungssträngen je nach (subjektiver) aktueller Priorität zu wechseln.

Ihre Zielstrebigkeit ist nicht sehr ausgeprägt. Sie bevorzugen stattdessen eine breitere Berücksichtigung mehrerer Schienen und Ideen ohne unbedingt eine rote Linie zu haben oder sich einem Ergebniszwang zu unterwerfen.

Der Zeitdruck scheint vielfach gering zu sein; sie scheinen keine Eile zu haben. Das schließt aber nicht aus, daß im letzten Moment und auf den letzten Drücker nicht noch vieles geschieht. Tschechen sind in der Lage, auf kurze Zeit sehr effektive Ergebnisse zu erzielen - wenn sie bereit und hochmotiviert sind und unter Hochdruck arbeiten. Bevor sich dieser Druck jedoch aufgebaut hat, kann man sich die Sorgen sparen („tschechischer Phlegmatismus" nennen das Deutsche). Die Dringlichkeit ist in Tschechien anders (personenbezogen, kein anderer Ausweg) und vor allem später definiert.

Mit Terminen pflegt man einen lockeren Umgang. Zeitliche Verpflichtungen sind relativ unverbindliche Anhaltspunkte, Verspätungen sind normal und bleiben folgenlos. Tschechen sind überzeugt, daß der, der alles rechtzeitig schafft, komisch ist.

Seine Augen und Ohren hat man überall, um sich bietende Gelegenheiten wahrnehmen und nutzen zu können.

Man liebt es besonders, wenn man mehrere Fliegen mit einer Klappe schlagen kann.

Vor- und Nachteile:

Die Vorteile dieser tschechischen zeitlichen Geschmeidigkeit liegen zweifellos in ihrer Flexibilität: Wichtigen Dingen (die Definition davon ist stets im Fluß) wird Priorität eingeräumt und vieles kann (zum Teil doch noch oder zumindest halbwegs) geschafft werden.

Die Nachteile sind eine deutlich geringere Einschätzbarkeit des zeitlichen Rahmens sämtlicher Aktivitäten. Das wird schon mal Unzuverlässigkeit genannt - auch von Tschechen.

2.3.2. Der (west)deutsche Kulturstandard „Konsekutivität"

Definition:

Zeit ist für Deutsche ein wichtiges Thema. Deutsche scheinen Tschechen von Terminen und Zeitplänen getrieben und auf Termineinhaltung geradezu versessen. Wie kommt das zustande?

Deutsche haben die Vorstellung, daß es am optimalsten wäre, das Leben auf eine Art organisieren zu können, in der man sich (1) über eine anstehende Handlung Gedanken machen und sie planen kann, (2) diese Planung dann ohne Unterbrechungen und Störungen abarbeiten kann, um (3) schließlich sein Ziel zu erreichen. Weil das aber nicht geht, sondern alle Menschen gezwungen sind, viele Dinge parallel zu machen, bemühen sich Deutsche, ihrem Ideal doch zumindest nahe zu kommen: Sie packen die Dinge in klare Zeitfenster und Zeiteinheiten, ordnen sie dann nacheinander an und erledigen sie - soweit wie möglich - in dieser Reihenfolge.

Dieser Umgang mit der Zeit hat folgende Konsequenzen:

1. Deutsche machen sich für jedes ihrer Vorhaben (z.B: für das Projekt 1, das Projekt 2 usw.) einen (groben) Zeitplan, an den sie sich nun auch weitgehend halten.

2. Zur Koordination der diversen Zeitpläne für die parallelen Vorhaben (Projekt 1, Projekt 2) macht sich jede Person feinere Ablaufpläne, wann sie am besten was erledigt und setzt die Zeitfenster, die für die einzelnen Vorhaben vorgesehen sind, in eine sinnvolle, konsekutive Reihenfolge. (Zeitfenster 1 für Schritt 1 des Projekts 1; dann Zeitfenster 2 für Schritt 3 des Projekts 5; dann Zeitfenster 3 für Schritt 1 des Projekts 2; usw.)

3. Weil nun alle so denken und handeln, ist es bei gemeinsamen Vorhaben essentiell, daß sich die Individuen zeitlich koordinieren. Sie vereinbaren Termine. Diese Termine sind der Kitt für gemeinsame Aktivitäten, weil sie die individuellen Ablaufpläne und Zeitpläne verzahnen.

4. Termine sind verbindlich, denn sonst gerät das System aus den Fugen.

Zeitmanagement gilt damit als Voraussetzung für effektives Handeln überhaupt, aber ganz sicher als wesentlicher Bestandteil von Professionalität. Man muß in der Lage sein, sich zeitliche Strukturen zu geben, realistische Einschätzungen für die einzelnen Zeitfenster vorzunehmen und sich dann eiserner zeitlicher Disziplin zu unterwerfen.

Darstellung:

Time-Management wird gelehrt und gilt als Schlüsselkriterium für Karriere. Controler überprüfen diese Fähigkeit daher auch.

Deutsche haben ein Ziel und verfolgen dieses Ziel, indem sie ihr Handeln nun klar und „eindimensional" auf die Zielerreichung hin organisieren. Umwege zur Zielerreichung, z.B. Verzögerungen, Vermittler, Nebenpfade, lieben sie nicht.

Deutsche zeigen eine über die Zeit relativ gleichbleibende Motivation bei der Abarbeitung eines Vorhabens. Sie fühlen sich beruhigt, wenn sie einen vernünftigen, realistischen Zeitplan haben. Sie bevorzugen ein gleichbleibendes Arbeitstempo, das ein Durchhalten erlaubt und Fehler vermeiden hilft.

Man bevorzugt es, pro Zeiteinheit konzentriert an einer Sache zu arbeiten und vermeidet Störungen und Unterbrechungen.

Die Dinge sollten nicht unvollendet bleiben, sondern Schritt für Schritt erledigt werden, bevor man sich der nächsten Sache zuwendet.

In der Koordination zwischen den Individuen wird auf Pünktlichkeit und Termintreue großer Wert gelegt. Sie sind ein fast nicht zu überschätzender Faktor zur Vertrauensbildung.

Zeit hat einen ziemlich hohen Symbolwert, denn sie zeigt die Wichtigkeit an.

- Wichtigen Dingen und wichtigen Personen wird Zeit gewidmet. Im beruflichen Leben trifft man sich nicht einfach grundlos (d.h. ohne sachliche Notwendigkeit) mit jemandem, sondern zur Zielerreichung oder als besondere Wertschätzung (auf der Beziehungsebene). Im Privatleben „schenken" Vielbeschäftigte ihre rare Zeit nur Menschen, die ihnen wirklich etwas bedeuten.

- Unpünktlichkeit wird als Geringschätzung der Sache und der Person gewertet, denn durch die Wartezeit verursacht man ihr Schwierigkeiten innerhalb ihres Zeitbudgets.

- Unterbrechungen und Störungen signalisieren ebenfalls eine Geringschätzung der Person, denn man „stiehlt" ihr Zeit.

- Zeit wird sehr zielorientiert verwendet. Gespräche zum Aufwärmen und Smalltalk können daher bereits als Zeitverschwendung erlebt werden.

- Es gilt: „Erst die Arbeit, dann das Vergnügen." Im Sinn der Trennung der Lebensbereiche (vgl. 2.5.) sind diese beiden Elemente hintereinander geschaltet: Zuerst wird gearbeitet, dann wird Smalltalk betrieben. Zuerst erweist sich jemand als zuverlässiger Kollege, dann freundet man sich mit ihm an. Zuerst wird auf das Ziel hingearbeitet und dann wird gefeiert.

Konsekutivität ist im beruflichen Leben allgegenwärtig:

- Tagesordnungen sorgen in Besprechungen für eine gute Zeitnutzung. Die Agenda strukturiert.

- Beim Auftauchen von Problemen wird „methodisch" vorgegangen, d.h. in einer für Deutsche „logischen" Reihenfolge: Zunächst werden die Ursachen diskutiert, nach wird nach Lösungen gesucht und nun werden die Lösungsschritte an die zuständigen Personen / Abteilungen delegiert.

- Auch Präsentationen werden nicht nur „systematisch" aufbereitet, sondern gegliedert in aufeinander aufbauende, nachvollziehbare Schritte.

- Pläne sind sehr langfristig, wenn sie sich auf eine Unternehmensstrategie beziehen. Der kurzfristige Gewinn wird dabei u.U. geopfert zugunsten der Gesamtstrategie, von der man sich dann Erfolg verspricht.

Vor- und Nachteile:

Die Fixierung der Deutschen auf den geplanten Umgang mit der Zeit, schränkt natürlich - das ist ein großer Nachteil - ihr Sozialleben ein, denn Deutsche leiden chronisch unter Zeitnot und fühlen sich fast ständig unter Streß. „Ich habe keine Zeit..." ist eine oft gebrauchte und von allen, denen es ähnlich geht, akzeptierte Entschuldigung.

Deutsche können richtig in Panik geraten, wenn sie sich aus ihrem Zeitplan geworfen fühlen. Denn aufgrund der terminlichen Verzahnung des einen Plans mit anderen Plänen sowie den Plänen anderer Personen, können sie nicht flexibel reagieren, ohne gleichzeitig anderen zeitlichen Vereinbarungen gegenüber wortbrüchig und damit unzuverlässig zu sein.

Der Vorteil ist darin zu sehen, daß die Qualität des Handlungsprozesses ziemlich hoch ist, weil die Linearität gewährleistet, daß keine wesentlichen Elemente „in der Hitze des Gefechts" übersehen werden.

2.3.3. Die Dynamik des Kulturstandardpaars „Simultanität - Konsekutivität"

So wie sich Tschechen gelegentlich nicht zeitlich flexibel zeigen, sondern eine gewisse monochrone Sturheit an den Tag legen können und dann die Deutschen überraschen, so verblüffen Deutsche Tschechen dann, wenn sie ihre Pläne angesichts ihnen absolut vordringlich erscheinender Prioritäten spontan umwerfen und gegen die sonst so hoch geschätzte Termintreue hinsichtlich anderer Aktivitäten verstoßen. Das ist z.B. bei Schwierigkeiten in der Produktion der Fall: Deutsche lassen dann sämtliche andere Vorhaben zugunsten der Behebung dieser Schwierigkeiten fallen und ignorieren alle anderen Verpflichtungen.

Empfehlungen für Deutsche, die mit Tschechen arbeiten:

1. Erwarten Sie von Tschechen keine sklavische Pünktlichkeit.

2. Bauen Sie sicherheitshalber von vorne herein Zeitpuffer ein, die Sie aber für sich behalten!

3. Wenn Sie etwas unbedingt benötigen, befleißigen sie sich des Instruments von Follow-ups (nachhaken) und bekräftigen Sie dabei die Wichtigkeit Ihres Anliegens.

4. Führung heißt bei einem simultanen Umgang mit der Zeit: An einer Stelle Druck machen, an der anderen Stelle Zeit lassen. Das Zeitmanagement lastet viel mehr als in Deutschland auf der Führungskraft. Tschechen ist Zeit einfach nicht so wichtig und sie sind daher oft tatsächlich weniger in der Lage, realistische Zeiteinschätzungen abzugeben. Das Setzen zeitlicher (und inhaltlicher) Prioritäten gehört in tschechischen Augen ganz klar zu Ihrer Führungsrolle. Und merken Sie sich dann, wann Sie bei wem weswegen nachhaken müssen.

5. Druck, Herausforderungen und das Zutrauen einer doch noch zu erbringenden Leistung kann sehr anspornend wirken und Ihre tschechischen Kollegen zur Hochform auflaufen lassen. (Aber das ist bitte kein Mittel ständig und für alles!)

Empfehlungen für Tschechen, die mit Deutschen arbeiten:

1. Halten Sie sich bitte an Termine, die Sie mit Deutschen vereinbaren! Termine auf die lockere Schulter zu nehmen, ist ein „Kapitalverbrechen", das mit Sicherheit einen großen Konflikt heraufbeschwört.

2. Seien Sie dabei in der Terminsetzung u.U. großzügig, so daß Sie für sich Spielraum haben. Aber nehmen Sie den Termin, den Sie schließlich den Deutschen nennen, absolut ernst.

3. Vereinbaren Sie lieber einen Termin, wenn Sie mit Deutschen ein Anliegen besprechen möchten. Die Gefahr, daß Sie entweder als Störenfried empfunden werden oder daß Sie „mangels Zeit" zurückgewiesen oder kurz abgefertigt und damit enttäuscht werden, wenn Sie sie spontan ansprechen, ist groß. - Als „Terminabsprache" kann bereits genügen: „Ich möchte mit Ihnen XXX besprechen. Geht das jetzt oder besser zu einem anderen Zeitpunkt?"

4. Richten Sie sich darauf ein, daß Ihnen die ungeteilte Aufmerksamkeit eines Deutschen gehört, wenn Sie endlich mit ihm einen „Termin" haben. Jetzt hat er für Sie Zeit. Und jetzt wäre es beleidigend und unhöflich, wenn er sich parallel etwas anderem widmen würde. Nun sind Sie der Mittelpunkt seines momentanen Lebens. - Das gilt beruflich wie privat.

5. Machen Sie nicht mehrere Dinge gleichzeitig, wenn Sie mit einem deutschen Kollegen zusammen sind. Widmen Sie sich ihm ganz.

6. Rechnen Sie damit, daß Deutsche Zeitplanungen haben, die unter Umständen sehr langfristig sein können. So ist beispielsweise ihr Gewinnstreben oft nicht kurzfristig orientiert, sondern sie tätigten langfristige Investitionen, die sich erst nach dem Überwinden von einkalkulierten Anfangsschwierigkeiten auszahlen werden. Der Hintergrund vieler Vorhaben ist manchmal nur in größeren Zeitdimensionen verständlich.

2.4. Kulturstandardpaar: Personorientierte Kontrolle versus regelorientierte Kontrolle

Zentrale Frage:

Wo ist ethische Verantwortung verankert?

- An Regeln, die relativ unabhängig von Person, Beziehung und Situation sind?
- An Personen und Beziehungen, die die Regeln je nach Situation mehr oder weniger in Kraft oder außer Kraft setzen?

2.4.1. Der tschechische Kulturstandard „Personorientierte Kontrolle"

Definition:

Die Begriffe „regelorientierte Kontrolle" und „personorientierte Kontrolle" beschreiben, daß Deutsche eher dazu neigen, allgemein gültige Regeln und Gesetze zu befolgen, während Tschechen dazu tendieren, zugunsten persönlicher Interessen oder Beziehungen auch dagegen zu verstoßen. Während das deutsche Verhalten sehr stark an Regelungen aller Art orientiert ist und davon ausgeht, daß Normen und Vereinbarungen eingehalten werden müssen, legen Tschechen mehr Wert auf menschliche Beziehungen und auf subjektives Wohlbefinden. Bei ihnen verpflichtet Freundschaft und hat daher Priorität vor abstrakten Regeln.

Aus deutscher Sicht stellte sich diese Dimension in unserem Material als die Frage - zugegebenermaßen deutsch formuliert - dar: Wo ist das Pflicht- und Verantwortungsgefühl einer Person verankert? Wann kann ich davon ausgehen, daß Vereinbarungen eingehalten werden?

Die Ausgangsbasis für die tschechische personorientierte Kontrolle ist dieselbe, wie beim Kulturstandard „Abwertung von Strukturen": die Bewahrung der persönlichen Freiheit und Souveränität. „Den Tschechen geht etwas nur auf die Haut, nicht unter die Haut." nannte das ein Interviewpartner und beschreibt damit seine Erfahrungen mit tschechischem Pflichtgefühl. Ein Hauptkonflikt - überspitzt formuliert - zwischen Deutschen und Tschechen liegt darin, daß Deutsche Zuverlässigkeit erwarten und Tschechen frei sein wollen. Wir versuchen nun die Psychodynamik dessen zu beschreiben, was auf und was unter die Haut geht, wie das Gefühl der Verantwortung, der Verpflichtung und Zuverlässigkeit bei Tschechen verankert ist:

1. *Internale* Kontrolle, Selbststeuerung hinsichtlich bestehender, äußerer, abstrakter Strukturen findet man ...

> a) ... bei Personen und in Situationen dann, wenn die Sache dem handelnden Individuum ein *persönliches Anliegen* zur Verfolgung eigener Interessen ist;
>
> b) ... wenn sich ein Individuum einer für sie relevanten Person (innerhalb der Struktur) auf einer solch guten und tragfähigen *Beziehungs*ebene verbunden fühlt, daß es diese Person nicht enttäuschen möchte;
>
> c) ... wenn eine hohe *Identifikation mit der Sache* herrscht.

In allen Fällen sind also persönliche Motive ausschlaggebend, nicht die Sache! Die Personorientierung gibt den Ton an!

2. *Externale* Kontrolle dominiert die Sachebene und die sie repräsentierende Struktur in den sonstigen Fällen: Ein „Pflichtbewußtsein" gegenüber objektiven Regeln, Vereinbarungen, Normen usw. ist wenig ausgeprägt. Wenn bzw. solange keine oder nur eine zu geringe persönliche Motivation herzustellen ist, muß die Sachebene external kontrolliert werden! Schließlich gilt: Man respektiert Regeln nur, wenn es unumgänglich oder vorteilhaft ist.

Darstellung:

<u>1a. Persönliches Anliegen</u>

Voll motiviert und zum Teil sogar über ihre Pflichten hinaus arbeiten Tschechen...

- bei persönlichem Interesse, wenn das Handeln der Erreichung eigener, hoch bewerteter Ziele dient,

- wenn sie sich persönlich davon einen Profit versprechen, also z.B. wegen einer materiellen oder immateriellen (zusätzlichen) Belohnung,

- wenn sie damit neue und ungewöhnliche Herausforderungen bewältigen und damit ihr Selbstbewußtsein stärken können.

Tschechen sind dagegen oft wenig motiviert, sich um Sachen zu kümmern, die sie oder ihre Arbeit nicht direkt betreffen, für die sie keine Belohnung erhalten oder die keine Sanktionen befürchten lassen.

Weil Tschechen sich auch selbst als Person nicht verleugnen oder spalten wollen (vgl. Diffusion 2.5.), nehmen sie ihre während der Arbeit auftretenden Gefühle ernst. Sie huldigen viel stärker als Deutsche dem Lustprinzip und scheinen von einer Motivation zum *Wohlbefinden* oder auch, wie sie selbst oft sagen, zur Bequemlichkeit bestimmt. Insofern wirken folgende Bedingungen die Qualität von Arbeitsergebnissen mindernd:

- Man möchte nur das bearbeiten und sich nur mit solchen Problemen befassen, die angenehm zu lösen sind.

- Bei der Bearbeitung von Aufgaben sucht man gerne nach bequemen Wegen zum Ziel. Man will möglichst gute Resultate mit möglichst kleinem Arbeitsaufwand haben. Selbst wenn etwas ausführlich erklärt wird, warum etwas wie sein soll und das durchaus auch einleuchtend erscheint, gibt es noch immer starke Tendenzen, nach eigenem Gutdünken dem auszuweichen, was man für überflüssig hält, oder manches zu vereinfachen, um sich das Leben zu erleichtern. - Daß dadurch Schaden verursacht wird, wird nur ungern anerkannt.

- Das Streben nach der besten Lösung ist (bei hohem Aufwand) gebremster.

Bei allen Handlungen und in allen Zusammenhängen hält man selbstverständlich Augen und Ohren offen, positiv bewertete *Chancen*, die sich einem auftun, wahrzunehmen und sich bietende Gelegenheit zu nutzen. Das mag im Transformationsprozeß durchaus heißen, Chancen zum Lernen zu nutzen, wenn man sich von diesem Know-how etwas verspricht. Ansonsten bedeutet es: Das Machbare wird ausgenutzt. Jeder hat für sich das Ziel, seinen Vorteil zu mehren und schlau zu sein. Dabei denkt man u.U. nicht mit, was das Ausreizen des Spielraums für den anderen bedeutet, sondern geht bis an die Grenzen. Man hat nicht das Gefühl, unfair zu sein oder zu betrügen, sondern denkt eben an seinen eigenen Vorteil. (Man geht ja davon aus, daß das der Partner auch tut.)

1b. gute Beziehungsebene

Tschechen kommen Menschen entgegen, nicht Sachzwängen. Man hat ein „personbezogenes Pflichtbewußtsein". Man macht etwas für einen Chef, für einen Kollegen. Aber man macht nichts, weil „es so sein soll" oder „weil es die Sache erfordert".

Und darüber hinaus differenzieren Tschechen ihr Pflichtgefühl noch je nach empfundener Nähe zu jemandem. Für verschiedene Personen benutzt man unterschiedliche Kriterien: Einer Person gegenüber, die man mag oder gut findet, zeigt man sich sehr zuverlässig, einer anderen gegenüber sehr nachlässig, obwohl beiden gegenüber objektiv die gleiche Verpflichtung (universelle Norm) bestünde.

So tun Tschechen viel einer anderen, ihnen wertvollen Person zuliebe. Das ist im beruflichen Bereich aufgrund der mangelnden Trennung in Person und Rolle selbstverständlich der sympathische Chef oder die sympathische Chefin oder es sind angenehme Kollegen.

Dem sozialen Klima besonders zuträglich sind dabei u.a. folgende Motivationsfaktoren: Dank; kleines Geschenk; Interesse / Aufmerksamkeit oder Zuhören; finanzielle Belohnung / guter Preis / gute Bezahlung (Ernstnehmen des Nachholbedarfs), Anerkennung und Lob durch den Partner, Überraschen-können des Partners mit der eigenen Leistung; Bewunderung für die Qualität der geleisteten Arbeit; Ermöglichen einer atttraktiv erscheinenden Chance. Am wirksamsten ist natürlich die Kombination mehrerer dieser Motivationsfaktoren, denn sie befriedigen die individuellen Bedürfnisse und festigen die positive Beziehung. Dann ist mit maximalem Einsatz und maximaler Bereitschaft - u.U. bis hin zu Opferbereitschaft - zu rechnen.

Deutlich verpflichtend wirken freundschaftliche Beziehungen:

Kameraden, Freunde und Familienmitglieder helfen einander gerne, wenn sie können. Es herrscht ein Geben und Nehmen kleinerer und größerer Gefallen. Und natürlich gilt jetzt: „Für einen Freund nur das Beste." Ein Freund ist mehr als irgendjemand oder auch irgendein Kunde und er bekommt daher die wirklich optimale Lösung angeboten, denn sonst müßte man sich vor sich selbst und vor der Mitwelt schämen.

Das Vertrauen ist dabei sehr groß. Wenn ein Freund einem Freund sagt, daß er für ihn etwas macht, dann kümmert sich der, der diese Zusage erhalten hat, u.U. gar nicht mehr um diesen Vorgang. Mit der Zusage empfindet er die Sache bereits als erledigt. Auf einen Freund kann man sich verlassen.

1c. Identifikation mit der Sache

Tschechen zweifeln nur dann ihre Arbeit, ihr Ziel und ihren Weg nicht an, wenn sie davon selbst überzeugt sind. Das ist der Fall, wenn ihnen klar ist, daß etwas wirklich wichtig und richtig ist. Dann tun sie, was sie können. Der motivierendste Faktor ist dabei neben dem Eigeninteresse (vgl. 1a) die eigene Einsicht, daß eine Sache auf eine bestimmte Art hervorragend (zu machen) ist und daß daher bei der Wahl zwischen verschiedenen Wegen, der beschrittene tatsächlich der beste ist. Dieses Gefühl der Wahlfreiheit zwischen verschiedenen Wegen und der selbstbestimmten Entscheidung dafür ist für eine Identifikation mit der Sache unabdingbar. Manchmal sind Tschechen daher schwerer zu überzeugen als Deutsche. Denn die Person muß wirklich *überzeugt* (!) sein, eine Sache einzusehen, ist zu wenig.

Tschechen lernen in der Situation eines Know-how-Transfers sehr schnell, sehr gut, sehr umfassend und meistern viele Umstellungen des Transformationsprozesses geradezu verblüffend gut. Modellernen ist dazu eine effektive Methode. Das gilt ganz besonders für den handwerklichen und technischen Bereich. Im Prozeß des Lernens kommt es ihnen aber darauf an, die Prinzipien (z.B. einer neuen Technologie) zu verstehen, um dann darauf aufbauend frei und selbständig agieren zu können. Das ist ein entscheidendes Motiv für ihre Neugier und ihren guten Willen. Die Lernbereitschaft bezieht sich somit mehr auf das prinzipielle Verständnis als auf die Qualität der Sache. Und die Krönung des Erfolgs besteht für Tschechen dann darin, das, was gelernt wurde, nicht nur umzusetzen und anzuwenden, sondern weiterzuentwickeln und zu optimieren und darin besser zu sein als die Deutschen.

In der deutsch-tschechischen Kooperation, die im momentanen Transformationsprozeß oft in einem Know-how-Transfer besteht, heißt das: Tschechen sind ausgesprochen anpassungs- und lernfähig, wenn sie in den neuen Fertigkeiten einen persönlichen Nutzen sehen (vgl. 1a), wenn sie sich in der Zusammenarbeit mit dem Deutschen wirklich wohl fühlen (vgl. 1b) oder wenn sie von der Sache selbst begeistert sind (vgl. 1c). Dabei ist es aber immer noch für die eigene Motivation und für die Identifikation mit einer Tätigkeit unabdingbar, seine Rolle mitgestalten zu dürfen bzw. einen gewissen Spielraum für eigene Ideen und eigenes Handeln zu haben.

2. Externale Kontrolle in den sonstigen Fällen

Wenn nun die soeben geschilderten Umstände nicht zutreffen, dann herrscht wirkliche Unzuverlässigkeit, denn Regeln oder Vereinbarungen fühlt man sich nicht verpflichtet. Gleichgültigkeit oder Desinteresse sind dominierend. Man hat kein Interesse, sich um Dinge zu kümmern, von denen man selbst oder seine Arbeit nicht direkt betroffen ist oder die keine Belohnung oder Sanktion mit sich bringen. Es bedarf dann eines großen Aufwands an Instrumenten der externalen Kontrolle - von zeitlichen Follow-ups, über dauerndes inhaltliches Nachhaken bis zur Einschaltung bedrohlich wirkender Hierarchiestufen oder der Anwendung von Sanktionen. Im Unterschied zu Deutschland haben Regeln und Normen keinesfalls schon fast einen moralischen Wert - im Gegenteil. „Aus Fremdem fließt kein Blut" gilt nicht nur für Objekte und Inhalte aller Art, zu denen man keinen Bezug hat. Der Verweis auf Normen zur Begründung von gewünschten Verhaltensweisen genügt nie.

Mit der externalen Kontrolle auf der Sachebene hängt es auch zusammen, daß in Tschechien *Holschuld* die Normalität zwischen hierarchischen Rängen und Kooperationspartnern ist:

Es gibt keine Rückmeldungen über Probleme. Man sagt es nicht, wenn man etwas nicht verstanden hat. Man holt sich keine Hilfe in Schwierigkeiten. Man setzt vielleicht Signale, denen derartige Botschaften zu entnehmen wären (vgl. Kulturstandard „Starker Kontext" 2.6.), aber es liegt allemal am jeweils anderen, die Initiative zu ergreifen.

Während des improvisierenden Arbeitens ist es oft so, daß man sich nicht mit anderen abspricht oder berät, sondern auf sich selbst verläßt. Man sagt nichts bezüglich der Schwierigkeiten, denen man sich gegenüber sieht: Es wird einem schon etwas einfallen. Und weil das jeder so macht, ist jeder selbst verantwortlich, seine Schwierigkeiten und Probleme zu lösen.

Für eine Führungskraft bedeutet Holschuld, daß sie in der Regel wirklich viel mehr external kontrollieren muß. Es ist ihr Fehler, wenn sie den Mitarbeitern keine klaren Prioritäten setzt oder wenn sie von Störungen nichts weiß, denn sie hat sich bei ihren Mitarbeitern auf dem laufenden zu halten. Sie hat sich um „die Organisation" zu kümmern, nicht der Mitarbeiter.

Was Deutsche als Zuverlässigkeit bezeichnen, das schwankt also wesentlich stärker und hängt somit in größerem Ausmaß, als man das von Deutschland gewohnt ist, von den beteiligten Personen ab: Wie motiviert jemand als Individuum ist, wie die Qualität der Beziehung zwischen den Partnern ist, wie hoch die Identifikation mit der Sache ist. Dementsprechend kämpft mit dem Phänomen der „Unzuverlässigkeit" der Tschechen ein Teil der Deutschen massiv; ein anderer berichtet von großer Zuverlässigkeit, Verbindlichkeit und Vertragstreue. Eine tschechische Experten-Interviewpartnerin betonte, daß in Tschechien die Ethik für Begegnungen im Rahmen der Wirtschaftszusammenarbeit eher nicht mit universellen Spielregeln, wie z.B. Fairneß, Chancengleichheit für Bewerber etc., zu beschreiben ist, sondern sich viel mehr aus eigenem Vorteilsstreben und aus Beziehungen nährt.

Außerdem hat „Unzuverlässigkeit" viele Facetten. Die geschilderten möglichen Hintergründe beschreiben nur den Teil, der auf dem Gefühl von Lust oder Verantwortung beruht. Darüberhinaus gibt es eine Fülle anderer Ursachen für die Nichteinhaltung von Absprachen, z.B. Überforderung, Konfliktvermeidung (vgl. 2.7.), Mißverständnisse aufgrund der verschiedenen Kommunikationsstile (vgl. 2.6.).

Vor- und Nachteile:

Der Vorteil dieses tschechischen Musters liegt darin, daß Tschechen ihre Mitmenschen wirklich positiv überraschen können, weil sie mehr tun, als vereinbart wurde und erwartet werden würde. Das ist dann, wenn sie hochmotiviert sind. Ein anderer Vorteil besteht in einer gewissen Großzügigkeit: Eine unbeabsichtigte Verletzung von Vereinbarungen, Regeln oder Vorschriften wird leichter nachgesehen und schneller verziehen. Konsequenzen kann man häufig „menschlich" oder mittels Bekannter lösen.

Nachteiligerweise können jedoch auch folgende Mißstände erwachsen:

- Freundesdiensten kann die Priorität gegenüber der Verpflichtung für die Firma (z.B. Firmennutzen) eingeräumt werden.

- Von Personen, mit denen man in einer Outgroup-Beziehung steht, mag man durchaus (kostenlos) profitieren (z.B. Know-how), ohne sich zu einer Gegenleistung verpflichtet zu sehen.

- Manche Hilfeleistung, manches Entgegenkommen und manche Freundlichkeit kann (auch) kalkuliert und dadurch motiviert sein, daß die Hilfe die eigene Position für die weitere Kooperation verbessert.

- „Vermittlung" wird für vieles angeboten und sie kann auch mit finanziellen Unkosten verbunden sein. Der Transformationsprozeß verschob dabei manchmal die Grenzen in auch für Tschechen ethisch fragliche Zonen.

2.4.2. Der (west)deutsche Kulturstandard „regelorientierte Kontrolle"

Definition:

Deutsche haben eine starke Identifikation mit der eigenen beruflichen Tätigkeit. Sie nehmen ihre Arbeit, ihre Rolle, ihre Aufgabe und ihre damit verbundene Verantwortung sehr ernst. Sie möchten das, was sie machen, gut machen und sind konzentriert bei der Sache.

Zunächst einmal planen, organisieren, strukturieren sie. Das machen sie nicht zum Vergnügen, sondern aus der Überzeugung heraus, daß so die Aufgaben am besten bewältigt werden können (vgl. Aufwertung von Strukturen). Daß diese Strukturen nun in die Tat umgesetzt werden, hat eine zentrale Voraussetzung, die der Inhalt dieses Kulturstandards ist: Alle Beteiligten haben verläßlich zu sein. Eine Sache ist organisiert und jetzt wird von allen erwartet, daß sie sich korrekt an ihre Zuständigkeit halten und ihre Aufgabe erfüllen. Nur in diesem Zusammenspiel aller funktioniert das System. Das bedeutet, daß alle den im jeweiligen Kontext vorhandenen Normen, Systemen, Strukturen Folge leisten.

Es ist somit notwendig:

- sich im beruflichen Feld an Kompetenzen und Rollen zu halten;

- Absprachen, Vereinbarungen, Zusagen und Versprechen einzuhalten;

- Entscheidungen durchzuführen;

- Vorgaben exakt einzuhalten;

- zeitliche Zuverlässigkeit und Pünktlichkeit zu zeigen;

- den eigenen Handlungsspielraum als Verantwortungsspielraum wahrzunehmen und aktiv die nötige Initiative ergreifen.

Geschieht das, gilt jemand als zuverlässig, korrekt, gewissenhaft und er ist ein geschätzter Mitarbeiter oder Kollege, ein Vollprofi, wie man ihn sich wünscht und er verdient Vertrauen.

Diese Verläßlichkeit wird nun nicht vorrangig dadurch erreicht, daß es Instanzen gibt, die überall kommandieren und kontrollieren, sondern daß jeder an seinem Platz aus sich heraus das tut, was von ihm erwartet wird. Tschechen formulieren das so: „Deutsche machen vieles ohne ersichtlichen Zwang dazu." Der Handelnde hat nämlich gar nicht mehr das Gefühl, daß sein Handeln andere von ihm erwarten, sondern es ist ihm selbstverständlich, das zu tun. Er hat sich im Prozeß der Planung, der Strukturierung oder als er die Stelle antrat, damit bereits identifiziert. Im Fachbegriff spricht man von „internalisierter Kontrolle": Per Einsicht in die „Notwendigkeit" bzw. Optimalität bestimmter Regelungen oder Verfahrensweisen kontrolliert sich ein Individuum weitgehend selbst. Es hält sich dabei entweder an vorgegebene Normen oder an selbst erstellte Pläne. Bei Verstößen oder Störungen kommt es daher nicht nur zu Konflikten mit einer Kontrollinstanz, z.B. dem Chef, sondern zu internen Konflikten und zu Gewissenskonflikten, weil man mit sich selbst unzufrieden ist. Deutsche lernen es von klein an, „gewissenhaft" und sich zunehmend selbst regulierend an Normen zu halten, die Erziehungsinstanzen vorgeben bzw. vorleben.

Weil hier Strukturen, Normen, „Objektives" internalisiert werden, besteht die deutsche Zuverlässigkeit gegenüber der Sache (vgl. Sachorientierung)! Die Beziehungen, die zu den beteiligten Personen existieren, beeinträchtigen oder fördern die gezeigte Gewissenhaftigkeit nicht. Ob mir der Chef sympathisch ist oder nicht, ob ich mich mit meinen Kollegen wohlfühle oder nicht - ich habe die Aufgabe zu erledigen. Und ich will das auch, denn ich finde die Sache im Prinzip gut, sonst wäre ich nicht an dieser Stelle und nicht in diesem Job. Das Pflichtbewußtsein gilt somit in erster Linie den konkreten Vorgaben, die Loyalität der Firma, bei der ich (gerade) arbeite.

Auch das eigene, subjektive Wohlbefinden ist hintan zu stellen: Ob ich Lust habe oder nicht, ob ich gerade von Problemen heimgesucht bin, die mir viel Energie abverlangen, ob es mir sehr viel Mühe abverlangt oder Spaß macht, spielt keine Rolle: Ich habe die Selbstdisziplin aufzubringen, mein Bestes zu geben. Denn ich habe Ja gesagt zu dieser Vereinbarung oder dieser Stelle und nun stehe ich in Pflicht und Verantwortung. Selbstdisziplin und Härte zu sich selbst sind die Innenseite der Gewissenhaftigkeit.

Deutsche lieben keine Ausnahmen. Zu der bislang beschrieben Funktionalität von Strukturierung und Internalisierung gesellt sich eine weitere - soziale - Bedeutung: Deutsche assoziieren mit „gleichen Normen" für alle auch „Gerechtigkeit", d. h. gleiche Behandlung für alle hinsichtlich der Chancen und Rechte, aber auch der Sanktionen. Ausnahmen, Sondervereinbarungen, Abweichungen „bevorzugen" aus deutscher Sicht den, dem sie zugestanden werden. Und das halten sie „im Prinzip" für unfair. Wenn Ausnahmen gemacht werden, dann bedarf es dazu einer zwingend einsichtigen Begründung oder der zuverlässigen Einschätzung der betreffenden Person als sehr verantwortungsbewußt, was garantiert, daß sie sich sonst selbstverständlich an die Normen hält.

Darstellung:

Die Internalisierung wird grundgelegt im gesamten Sozialisationsprozeß. In der Erziehung spielen Einsicht, Überzeugen und Vernunft sowie Erklärungen, die Ge- und Verbote nachvollziehbar machen, eine große Rolle. „Konstruktive Kritik", nicht Strafen sind die Sanktionen. Auch Eltern fühlen sich an ihre Vereinbarungen mit den Kindern gebunden und setzen sich nicht leichtfertig darüber hinweg („Versprochen ist versprochen"). Während der schulischen und beruflichen Laufbahn werden dann auch nur die erfolgreich sein, die zu einer gewissenhaften (d.h. internalisierten) Erfüllung der an sie gestellten Anforderungen - seien sie nun explizit als Regeln und Normen oder implizit als Bestandteil von Kompetenzen und Aufgaben geregelt - in der Lage sind, weil diese Systeme auf Eigenverantwortung basieren.

Was aber heißt Selbständigkeit und Eigenverantwortung im Beruf deutsch definiert? Zusammengefaßt kann man das so sagen:

1. Mentale Übernahme und Internalisierung der in Plänen und Normen oder in (gemeinsamen) Entscheidungen festgelegten Intentionen, Aufgaben und Regeln;

2. eigenverantwortliche Erfüllung dieser Leistungserwartungen in vollem Umfang;

3. unaufgeforderte, selbst initiierte Einleitung von geeigneten Abhilfemaßnahmen bei Störungen;

4. Aufnahme von expliziten Gesprächen mit dem Vorgesetzten oder einschlägigen Gremien bzgl. gravierender Barrieren, gewünschter Änderungen, möglichen

Verbesserungsvorschlägen oder Korrekturen etc., wenn dies als sinnvoll und effektsteigernd erachtet wird.

Diese Vorstellung weicht gravierend vom tschechischen Ideal eines selbständigen Menschen als eines individuell improvisierenden ab!

In Phasen des Know-how-Transfers bedeutet diese Erwartung, daß auf Selbständigkeit hin „erzogen" werden soll. Das kann bedeuten, daß diese Erwartungen ganz besonders betont oder von einzelnen Deutschen ostentativ vorgelebt werden. Ab gewissen Managementebenen schlüpfen Deutsche oft von selbst in die Rolle eines gewissen „Vorbilds". Sie wollen sich bewußt und sichtbar als besonders zuverlässig, zielstrebig, termintreu und zeitlich einsatzbereit zeigen. „Selbständigkeit", was eine ganze Unternehmenspolitik betrifft, heißt dann, daß das einheimische Management die Verantwortung hat, das Unternehmen im Rahmen der einheitlichen Regelungen (Produktionsstandards, Kontrollsysteme usw.), die weltweit im Konzern gelten, zu führen.

Nach außen ist bezüglich der Selbständigkeit und Eigenverantwortung die Einhaltung der Rolle, die ein Mensch in der „Maschine Betrieb" einnimmt, essentiell. Das heißt beispielsweise:

- Man benimmt sich (je gehobener umso mehr) höflich, bewahrt Haltung, bleibt korrekt.

- Man füllt seinen Kompetenzbereich aus, d.h. man hält einerseits seine Grenzen ein, nutzt aber andererseits den Spielraum, den man hat, aus. Beispiele: (a) Einer, der neu ist, hat sich an seinem Arbeitsplatz von sich aus in die verschiedenen Vorgänge einzuarbeiten. (b) Man ist in der Lage, sich seine Arbeit selbständig nach Prioritäten einzuteilen, die die Belange der Firma widerspiegeln. (c) In Grenzfällen (z.B. bei der Qualitätskontrolle eines Werkstücks, das sich hinsichtlich seiner kritischen Meßwerte im Grenzbereich der Akzeptanz befindet), befolgt man eigenverantwortlich nicht „den Buchstaben des Gesetzes", sondern entscheidet „im Sinne der Regel" und „weicht" damit u.U. wohlbegründet die Regel „auf". Deutsche nennen das: Ein verantwortungsbewußter, motivierter Mitarbeiter denkt mit und denkt weiter und leistet nicht gedankenlos „Dienst nach Vorschrift".

- Man hat von sich aus nach Verbesserungen und Optimierungen zu streben. „Stillstand ist Rückschritt", denn „die Konkurrenz schläft nicht". Also hat man immer am Ball zu bleiben.

- Wurden gemeinsame Entscheidungen oder Vereinbarungen herbeigeführt, dann gehen alle davon aus, daß jeder der Beteiligten ab jetzt weiß, was zu tun ist. Sie verlassen sich darauf und fragen oft nicht mehr nach oder haken nicht mehr nach. Gesagt - getan. (Ein Nachfragen könnte sogar beleidigen, weil man damit jemandem implizit sagt, daß man ihn nicht für zuverlässig genug hält, sein Wort zu halten.)

- Termine sind einzuhalten! Das ist eine sehr tiefsitzende Norm. - Wenn ein deutscher Chef einen (tschechische) Mitarbeiter nach denkbaren Terminen fragt, bis wann dieser glaubt, etwas fertigmachen zu können, dann ist diese Frage sehr ernst gemeint. Dem Mitarbeiter wird zugestanden, daß er der beste Experte für sein Gebiet ist und daher einen realistischen Termin nennen kann. Vielleicht wird dieser Termin noch aufgrund der Einflüsse, denen der Chef unterliegt, etwas variiert (z.B. müssen Rahmentermine berücksichtigt werden), aber die Erwartung besteht jetzt verbindlich, daß der gemeinsam vereinbarte Termin, zu dem das Jawort des Mitarbeiters eingefordert wurde, vom Mitarbeiter gehalten wird.

- Einwandfreie Arbeitsleistungen sind zu erbringen. Und damit sie erbracht werden kann, investieren Deutsche durchaus Geld und Zeit in Ausbildung. Aber dann muß die Investition Früchte zeigen.

- Mitarbeiter wenden sich an den Chef, wenn sie auf etwas stoßen, was in dessen Aufgaben- oder Entscheidungsbereich fällt. Ansonsten führen sie ihre Aufgaben selbständig aus (eigener Kompetenzbereich). Und der Chef erwartet das auch so.

- Lange Arbeitszeiten werden in Führungspositionen und für karrierewillige Aufsteiger selbstverständlich vorausgesetzt: Die Aufgabe ist zu erfüllen, nicht die Arbeitszeit und dazu wird ein hohes Engagement und viel Einsatzbereitschaft erwartet. Als Leistungsträger eines Unternehmens rangiert der Beruf an erster, mindestens hervorragender Stelle im Leben - je höher die Position umso mehr.

Nach innen erscheinen Deutsche den Tschechen auch ziemlich *„streng"* gegenüber sich selbst:

- Man ist überzeugt, daß Anstrengung zum Erfolg führt. - Die Kehrseite wird aber auch als überwiegend zutreffend erachtet: Nur wer sich anstrengt, hat Erfolg. Ohne Pflichtbewußtsein, ohne Standhaftigkeit, ohne die Haltung „nicht aufgeben, sich zusammenreißen, die Zähne zusammenbeißen!" ist echter Erfolg nicht möglich. Wenn eine Arbeit aufwendig oder unangenehm wird, dann ist sie trotzdem auszuführen. Man hat hartnäckig zu sein - gegenüber sich und anderen - in der Zielerreichung. Kneifen gilt nicht!

- Wer in Zeitverzug kommt, muß eben mehr arbeiten, um die Zeit wieder reinzuholen oder sich (beim Chef, bei Kollegen usw.) Hilfe holen. Andere Beteiligte (Kunden, Chef, Kollegen) verlassen sich nämlich darauf, daß jeder sich seine Zeit selbst richtig einteilt.

- Man hat die Wahrheit zu sagen. Ehrlichkeit ist sehr hoch geschätzt. Ausreden werden nicht akzeptiert und führen zu Ärger und Aggressionen.

- Ein Schuldeingeständnis und eine Entschuldigung ist ein Wert in Deutschland: Jetzt kann man weiterarbeiten, weil das Ziel und der Rahmen als anerkannt betrachtet werden. Die Person erweist sich als verantwortungsbewußt und auf dieser Basis kann nach einer Lösung für die Blockade gesucht werden. Nun kann sie evtl. sogar menschlich rücksichts- und gnadenvoller behandelt werden.

- Lernen aus Fehlern, indem man auf sie hingewiesen wird, hat in der Logik der Internalisierung einen besonderen Stellenwert. Man nimmt die verletzten (Selbstwert)Gefühle des Lernenden geradezu vorsätzlich inkauf, um einen besonders nachhaltigen Lerneffekt zu erzielen („Das vergißt der nicht mehr."), denn niemand mag es, unzuverlässig, schlampig oder inkompetent zu erscheinen. Das wird ihn anspornen, sich das nächste Mal mehr anzustrengen. Und dann müssen Fehler ausgebessert werden - das ist mühsam, macht keinen Spaß. Aber es dient der Sache.

All das gilt als zuverlässig und wünschenswert. Und Deutsche inszenieren manchmal kleine Tests in punkto Zuverlässigkeit. Wenn sich ein tschechischer Kollege hier als regel- oder vereinbarungstreu und erweist, gilt er als vertrauenswürdig und erfährt fortan die Behandlung als guter Kollege bzw. Bekannter. Umgekehrt gelten Deutsche bei Tschechen normalerweise als zuverlässige Geschäftsleute, die sich an ihr Wort und ihre Zeitzusagen halten.

Zur Logik der „internalisierten Kontrolle" gehört nun auch die sog. *Bringschuld*. Auf sie sei hier nochmals verwiesen, denn sie ist eine häufige Ursache für Konflikte.

Die deutsche Erwartung, wenn Schwierigkeiten auftreten, ist mit Redewendungen wie „Angriff nach vorne" oder „Melden macht frei" zu umschreiben. Das bedeutet: Wenn jemand in der Erfüllung seiner Aufgabe an Barrieren stößt, dann ist es seine Pflicht, das denjenigen von sich aus mitzuteilen, die davon ebenfalls betroffen sind. Diese Personen - ob Chef, Kollegen, Kunden, Geschäftspartner - sind zu informieren und auf die zu erwartende Störung aufmerksam zu machen. Es gilt jetzt mit ihnen das Gespräch über das weitere Vorgehen zu suchen. So ist es möglich, rechtzeitig entsprechende Maßnahmen einzuleiten, die alle Betroffenen berücksichtigt und das Problem minimiert. Das mag zwar peinlich sein, zumal wenn ein eigener Fehler vorliegt. Doch dieses Vorgehen ist gleichbedeutend mit Rücksichtnahme auf die Arbeitspartner und heißt (wenn es nicht dauernd vorkommt) keineswegs, daß die betreffende Person unfähig ist. Im Gegenteil, ein solches Verhalten gilt als gewissenhaft und das einzig problemlösende. Ehrlichkeit bei Schwierigkeiten und das Eingestehen von (gelegentlichen) Fehlern zeugt von hohem Verantwortungsbewußtsein, von Selbstbewußtsein und von Verläßlichkeit. „Vertuscht" jemand sein Problem, dann zieht er großen Ärger auf sich, weil alle sich auf die Absprachen verlassen haben und nun ihrerseits mit Selbstdisziplin und Gewissenhaftigkeit ihren Part verfolgen. Was sie das an Energie und Kräften kostet, bricht sich in Aggression Bahn, wenn das Problem erst zum Schluß bekannt wird und die Konsequenz nicht mehr abzuwenden ist. Wenn also z.B. die Qualitätseinbuße da ist oder der Terminverzug nicht mehr aufzuholen ist.

Diese Bringschuld kann so selbstverständlich sein, daß manche deutsche Chefs ihrerseits gar nicht nach Problemen fragen. Sie gehen vielmehr - auf funktionierende, regelorientierte, internalisierte Kontrolle bauend - davon aus, daß alles läuft, wie es soll, solange sie nichts Anderweitiges hören. Sie rechnen mit der Eigeninitiative der Mitarbeiter, daß diese bei Störungen auf sie zukommen würden. Deutsche Chefs sehen mitunter eine wesentliche Managementaufgabe darin, zunächst einmal viel Freiraum zu geben und dann einzugreifen, wenn der Mitarbeiter alleine nicht mehr weiterkommt. Das verstehen sie unter Delegation.

Die geschilderte Psychodynamik, mit der Deutsche für eine Sache unter Einhaltung der Strukturen arbeiten, legt den Tiefgang deutschen Engagements offen. Denn Sachorientierung ist keinesfalls mit „Oberflächlichkeit" und „Gefühlslosigkeit" gleichzusetzen, sondern bedeutet für eine motivierte Person im Gegenteil große Identifikation und hohes Engagement. Das erklärt, weswegen es bei Deutschen immer wieder zu für Tschechen überraschenden Gefühlsausbrüchen kommt.

1. Deutsche nehmen vieles sehr ernst. Manche können geradezu als Inkarnation ihrer Normen und Anliegen auftreten oder quasi an einem Lebenswerk basteln. Darin liegt ein Phänomen, das mit deutschem Idealismus beschrieben wird: Ein Idealist widmet sich einem Anliegen zu einem großen Teil seiner Persönlichkeit. Ihm liegt soviel an der Sache, mit der er sich identifiziert, daß er unter Opfern und zum Teil unter Hinnahme persönlicher Nachteile alles tut, was in seiner Macht steht, um seiner Sache zum Erfolg zu verhelfen. Wir fanden diese Tatsache in unserem Material in der Form von beruflich überaus engagierten Menschen, die für ihre Aufgabe leben, sowie in der Form von Engagement für Ideale wie Umweltschutz oder Gesundheit. Diese Menschen mögen durchaus missionierend wirken und manchmal auch einen Schuß zuviel Engagement aufweisen, doch ihnen guten Willen abzusprechen, trifft ihre Absicht nicht. Sie arbeiten hart für eine gut gemeinte Überzeugung. Das zu verkennen, verletzt wiederum die Beziehungsebene zu ihnen fundamental, weil es ihnen auf dem Umweg über das Ideal letztlich um die Menschen geht, z.B. Arbeitsplätze zu erhalten, am Wirtschaftsaufbau mitzuwirken, die gesundheitlichen Bedingungen zu verbessern, kommenden Generationen eine lebenswerte Umwelt zu hinterlassen etc.. Weil sie ihre Ideale aber in eine derartige sachliche Disziplin gewanden, ist es Tschechen nur schwer möglich, die menschlich hehren Absichten zu erkennen.

2. Die oben geschilderte Bringschuld gewährleistet, daß bei auftauchenden Hindernissen die Beziehung zum Arbeitspartner nicht zerstört wird. Denn durch die rechtzeitige Information respektiert man ihn insofern, als man ihm z.B. überflüssige Arbeit oder Folgeprobleme wie das Verhindern seiner Zielerreichung, das Umorganisieren diverser Vorhaben oder die Zerstörung anderer Pläne usw. erspart. Tschechen machen das aber nicht, sondern rechnen damit, daß (a) der Verlauf sowieso anders als geplant sein wird, daß (b) jeder der Partner improvisieren wird und (c) die Verantwortung für die Lösung seiner Probleme jeder selbst trägt. In deutschen Augen tun sie somit nichts, sondern lassen den Deutschen „auflaufen". Das läßt den Deutschen „ausrasten", denn seine Art, etwas einer anderen Person zuliebe zu tun, heißt: Vereinbarungen zu halten unter großer Selbstdisziplin und u.U. unter Inkaufnahme von Nachteilen.

Vor- und Nachteile:

Die Vorteile dieser Haltung liegen darin, daß Deutsche in der Lage sind, Systeme zielsicher und effektiv zum Funktionieren zu bringen, weil sie sich mit ihrer Arbeit identifizieren. Und das wird von den Tschechen auch anerkannt, geschätzt und als „professionell" apostrophiert. Das gilt als positive deutsche Eigenschaft.

Der Nachteil heißt so und so oft: Übertreibung. Es besteht manchmal überhaupt keine innerliche Distanz mehr zu den Dingen und eine solche Person wirkt schon fast fanatisch. Dies kann sich umso mehr steigern, wenn sie keinen Erfolg ihrer Bemühungen sieht und zunehmend extremer wird.

Manchmal, so ist zu vermuten, führt auch die starke Internalisierung von Vorgehensweisen zu einer übertrieben ausgeprägten Überzeugung davon, daß nur der Weg, den die deutsche Seite gehen möchte, richtig ist.

2.4.3. Die Dynamik des Kulturstandardpaares „Personorientierte - regelorientierte Kontrolle"

Der Definition dieses Kulturstandardpaar ist es inhärent, daß Regeln in oder außer Kraft gesetzt werden, je nach Motivlage. Dabei pendeln Tschechen wesentlich weiter als Deutsche, denn für sie stellt sich diese Frage fundamental und wir konnten die Bedingungen benennen, wann Tschechen sich regelorientiert verhalten und wann nicht. Das Pendeln der Deutschen ist viel geringer.

Daher sei in diesem Zusammenhang explizit eine gravierende Warnung ausgesprochen: Mit Tschechen und in Tschechien ist selbstverständlich nicht alles möglich! In Tschechien herrscht ganz sicher kein gesetzesfreier oder regelloser Raum! So und so oft kann man nichts machen und hat die Sachlage der Regeln schlicht zu akzeptieren. Das tun die Tschechen dann auch.

Zur Darstellung der deutschen Seite seien folgende Relativierungen angemerkt:

Gewissenhaftigkeit ist bei weitem nicht immer und überall gegeben. Beispielsweise in manchen Großbetrieben oder in Abteilungen mit „Beamtenmentalität" findet sich in Deutschland schon mal allerhand Schlendrian. Auch bei Geburtstagsfeiern im Betrieb oder langen Besprechungen liegt das Zeitmanagement mitunter im argen. Zudem schwankt die Gewissenhaftigkeit natürlich zwischen Personen, Situationen und Schichten. Aber: Ein unmotivierter Deutscher nimmt noch immer die bequeme Haltung des „Dienst nach Vorschrift" ein, das heißt, er erfüllt gerade das Mindestmaß seiner Aufgaben. Und die grundsätzliche Erwartung heißt immer: Pflicht- und Verantwortungsgefühl ist zu zeigen. Das ist der Maßstab für Engagement und Vertrauenswürdigkeit und daran hängt die berufliche Anerkennung. Dieser Kulturstandard ist eine deutliche Normsetzung mit moralischer Färbung!

Auslandsentsandte in Tschechien scheinen oft geradezu ausschließlich für ihre Arbeit zu leben. Die Entsendung betrachten viele als ein Sprungbrett für ihre Karriere und daher bemühen sie sich ganz besonders. Zudem haben nur wenige ihre Familie in die tschechische Republik mitgebracht. Auf sie wartet demzufolge zuhause niemand und es ist egal, wie lange sie im Betrieb bleiben. Das ist ein situativer Aspekt, der aber einen deutlichen Einfluß auf das Verhalten und - meist ohne sich dessen bewußt zu sein - auf die Erwartung an tschechische Kollegen und Mitarbeiter hat.

Die bereits erwähnte Vermischung Sach- und Personbezug ist es, die hier wiederum eine massive Rolle spielt und als Definitionsbestandteil dieses Kulturstandards wirkt. Denn die Gefühle (Personbezug), die Deutsche während der Arbeit haben und zeigen, sind vornehmlich nun mal solche, die das Engagement der Person, ihre Ernsthaftigkeit und ihren Leistungswillen unterstreichen. Das ist ab und zu Begeisterung, überwiegend Druck, Durchhalten, Disziplin, aber auch Unzufriedenheit oder Ärger über Störungen und Ungenauigkeiten. Daß Deutsche so oft als derartige Miesepeter erlebt werden, hat mit ihrer hohen beruflichen Identifikation zu tun. Denn Störungen verursachen bei Fehlern Unzufriedenheit mit sich selbst oder Enttäuschung über andere, wenn diese offensichtlich nicht dieselbe Disziplin aufgebracht haben. Und diesen schlechten Gefühlen wird nun - je gravierender sie empfunden werden, umso mehr - Ausdruck verliehen.

Empfehlungen für Deutsche, die mit Tschechen arbeiten:

1. Der Schlüssel zur Motivation liegt immer im persönlichen Bereich. Suchen Sie hier nach motivierenden Ansätzen! („Verführen statt befehlen")

2. Wenn Sie etwas wollen, müssen Sie Ihren Wunsch sachlich begründen, warum das besser ist und warum das vorteilhafter ist. Sie müssen Folgen zeigen und Zusammenhänge erklären. Lassen Sie auch Diskussionen über den Sinn einer Struktur zu. Der bloße Druck hilft nicht, sondern läßt Ihre Forderungen nur noch mehr als Pedanterie, Bürokratie, unnötiges Ansinnen erscheinen. Noch besser ist es, Sie äußern nun das, was Sie wollen, in Form einer Bitte.

3. Priorisieren Sie, was wirklich genauso nötig ist, wie es Ihnen vorschwebt und wo Sie mit Ihren tschechischen Kollegen Raum zur Gestaltung haben. Es ist nicht möglich, alles einfach zu übertragen.

4. Am besten ist es natürlich, die „Beplanten" in die Planung miteinzubeziehen und die Vorhaben gemeinsam auszuhecken: Lassen Sie Diskussionen über den Sinn einer Maßnahme zu. Fragen Sie, was man wie machen könnte und geben Sie Raum für diese Initiativen. Setzen Sie dann diese Ideen auch um und diskutieren Sie nicht zum Alibi. Gestehen Sie u.U. paralleles Arbeiten zu, um die Qualität der Wege (Ihres und des tschechischen) zu prüfen.

5. Ein guter Stil der Kommunikation ist es, zusammen mit einem tschechischen Kollegen etwas zu entwickeln, statt dozierend aufzutreten: „Denken Sie mal nach drüber..., überlegen Sie sich das...". „Wie könnte man das machen? Ich würde vorschlagen, das könnte man... Was halten Sie davon? Geht das bei Ihnen?" - Bei unbekannten Aufgaben ist Widerstand schlicht normal. Eine langsame, gemeinsame Prozeßgestaltung kann eine bessere Überzeugungsarbeit leisten als sofortiges Pushen. Auch die Darstellung des favorisierten eigenen Weges als *eine* Alternative, die wie andere Alternativen diskutiert wird, eröffnet ein faires Feld der Auseinandersetzung.

6. Sie könnten z.B. vorschlagen: „Gut, wir sind uns nicht einig, wie wir's machen sollen. Probieren wir es mal so und dann reden wir wieder drüber, ob es funktioniert hat." Und dann reflektieren Sie die Erfahrung gemeinsam und revidieren Sie u.U. auch.

7. Kontrollen sind wirklich nötig - rechtzeitig, beharrlich. Jetzt kommt es nur noch auf das WIE an: freundlich.

8. Aber bitte überwachen Sie auch nicht zuviel, sondern streben Sie nach Möglichkeiten, daß Tschechen sich internal kontrollieren können. Sonst laufen Sie nämlich Gefahr, daß Sie jede Initiative töten, alte Autoritätsmuster zementieren und die Tschechen auf die Rolle der Zuarbeiter festlegen.

9. Und wenn Sie Fehler entdecken, ist es besser jemanden durch Taten zu „überführen". Diskussionen eröffnen geradezu das Feld für Ausreden. (Bzgl. des WIE lesen Sie bitte auch das Kapitel über „Konfliktvermeidung".)

10. Manchmal hilft es, die Tschechen erleben zu lassen, daß das, was und wie man es macht, gut ist. Dann bilden sie sich ihre Meinung und kooperieren vielleicht mit Ihnen auf eine sehr produktive Arbeit. - Modellernen in Deutschland ist dazu oft eine effektive Methode, weil zusätzlich erlebt werden kann, daß den Tschechen nur auch in Deutschland Selbstverständliches und Normales abverlangt wird.

11. Leistungen zu honorieren, wirkt motivierend. Dazu noch eine Anmerkung: Wenn Tschechen überhaupt mit Ihnen zusammenarbeiten und die Dinge in etwa so machen, wie Sie das absprechen (vielleicht ein bißchen später, vielleicht zu 80 %...), dann ist das bereits ein positives Feedback an Sie! Tschechen erwarten umgekehrt dafür auch positives Feedback Ihrerseits!

12. Es wirkt sympathisch, wenn Sie nicht als Inkarnation Ihrer Normen auftreten, sondern auch mit einer gewissen Distanz die Vorgaben, die Sie zu erfüllen haben, betrachten und besprechen. Das schafft eher ein gemeinsames Boot, das es eben jetzt zu steuern gilt, selbst wenn Sie das regelorientiert tun.

13. Nicht alles, was Ihnen als Ausrede erscheint, ist eine. Tschechen unterliegen wirklich oft anderen Zwängen und handeln nach anderen Logiken. Unterstellen Sie ihnen nicht vorschnell Ausweichmanöver!

14. Der Schlüssel zu allem heißt vielleicht ganz einfach: Sich Zeit nehmen (auch innerlich!) für Diskussionen und Erörterungen.

15. Es sollte selbstverständlich sein, daß Regeln, auf die Sie pochen, für alle gelten - auch für Sie. Disziplin und Konsequenz wird anerkannt, wenn die Spielregeln auch wirklich privilegienlos von allen - einschließlich dem deutschen Chef - befolgt werden.

Empfehlungen für Tschechen, die mit Deutschen arbeiten:

1. Fordern Sie ruhig Gespräche ein zum Verstehen Ihnen unklarer Zusammenhänge und zur Erarbeitung einer gemeinsamen Lösung. Das weist Sie zudem aus als interessierten, motivierten Mitarbeiter.

2. Nehmen Sie bei Problemen Ihren Chef zu Hilfe. So versteht er auch seine Rolle, weil er schlicht mehr Kompetenzen hat. Was kann der Chef tun, daß Ihre Anforderungen zu schaffen sind? Deutsche sehen das nicht an als Schwäche oder Untergraben der Autorität des Chefs, sondern als Zeichen, die Aufgabe erfüllen zu wollen!

3. Die Steigerung des auf diese Art gezeigten Verantwortungsbewußtseins besteht darin, aufzuzeigen, was Sie schon unternommen haben, um das Problem zu lösen. Deutsche mögen es, wenn jemand Initiative zeigt (und darüber spricht!).

4. Wenn Sie etwas schlicht für blöd halten, machen Sie einfach auch mal etwas „nur für ihren deutschen Kollegen" und schauen Sie, was dabei herauskommt. Vielleicht ist es wirklich nicht schlecht.

5. Treffen Sie bitte keine Aussagen und Absprachen und machen Sie bitte keine Pläne deutschen Kollegen zuliebe, nur weil Sie ihnen im Moment entgegenkommen und ihnen einen Gefallen tun wollen - außer Sie sind sich absolut sicher, daß Sie diese Absprachen auch einhalten können oder wollen! Termine, Vereinbarungen, Absprachen, Zusagen gelten den Deutschen als verbindlich. Und wenn Sie dann Ihre Aussage nicht einhalten (weil Sie sie nicht wirklich ernst genommen, sondern zur Beruhigung nur gesagt haben), dann verschlimmern Sie die Situation. Denn jetzt fühlt sich der Deutsche nicht nur sachlich im Regen, sondern auch auf der Beziehungsebene im Stich gelassen und schlimmstenfalls sogar betrogen.

6. Sagen Sie Bescheid, wenn etwas nicht wie vereinbart klappt! Nur dann haben die Deutschen eine Chance zu reagieren und sich einen anderen Weg oder eine Änderung bezüglich des Ziels zu überlegen. Und das vermeidet den großen Knall, der am Ende steht, wenn das Ziel nicht erreicht werden würde.

7. Verkneifen Sie sich Ausreden. Das wirkt auf Deutsche unprofessionell und unzuverlässig.

8. Deutschen ist es sehr wichtig, daß sich jemand an seine Rolle hält. Deshalb ist es wichtig, daß Sie Ihre Rolle klären: Was wird von Ihnen erwartet? Und das wird dann tatsächlich erwartet - nicht weniger, aber eben auch nicht mehr.

2.5. Kulturstandardpaar: *Diffusion von Lebens- und Persönlichkeitsbereichen versus Trennung von Lebens- und Persönlichkeitsbereichen*

Zentrale Fragestellung:
Wie ist die Spannbreite der Betroffenheit?

2.5.1. Der tschechische Kulturstandard *„Diffusion von Lebens- und Persönlichkeitsbereichen"*

Definition:

Kulturen werden in „spezifische" und „diffuse" eingeteilt. Damit wird das Maß der Betroffenheit im Umgang mit anderen Menschen bezeichnet, d.h. es wird erfaßt, ob man Menschen in bestimmten, *„spezifischen"* Lebensbereichen und Aspekten ihrer Persönlichkeit begegnet oder ob man ihnen eher ganzheitlich, *„diffus"* gegenübertritt. Im ersteren Fall sind die Lebens- und Persönlichkeitsbereiche analog einer biologischen Zellwand relativ undurchlässig und getrennt, im zweiten Fall hochgradig durchlässig. (Trompenaars, 1993)

Die Tschechen zeigen deutliche Merkmale der Diffusion. Beobachtbar ist bei ihnen eine Vermischung der Persönlichkeitsbereiche „Emotionalität-Rationalität" sowie der Lebensbereiche „Beruf - privat", „Rolle-Person" und „formelle-informelle Strukturen" und zwar in allen Stadien von Nähe und Bekanntschaft.

Darstellung:

<u>emotional - rational</u>

Gefühle, Empfindungen, Stimmungen sind auch im Geschäftsleben spürbar. Der Anspruch, daß hier Rationalität dominieren sollte, besteht weit weniger ausgeprägt als in Deutschland. So sind beispielsweise Entscheidungen oft von emotionalen Kriterien motiviert und die rationalen stehen klar erkennbar hintan. Die Fragen nach dem Nutzen für die eigene Person, nach dem zu erwartenden Wohlbefinden oder nach den potentiellen Geschäftspartnern können die Fragen nach den rationalen Vor- und Nachteilen und der sachlichen Zweckmäßigkeit deutlich auf die zweite Stelle verweisen. Grundsätzlich kann gesagt werden, daß emotional gefärbte Begründungen und Argumente mit rationalen gemischt werden und dasselbe Gewicht haben. Doch das wird nicht als störend, sondern als wichtig und „ganz normal" empfunden. So bewegt auch manches, was Deutsche als konstruktive Sachauseinandersetzung wahrnehmen, aufgrund derer man bereits aufeinander zugehen könnte, Tschechen noch nicht zu Kompromissen, wenn ihr Gefühl noch skeptisch ist. Dann wird ihnen Dickköpfigkeit nachgesagt und sie selbst bestätigen es, daß das mitunter stimmt.

Beleidigtsein und Sich-beleidigen spielt in den Beziehungen am Arbeitsplatz eine große Rolle. So vieles, was für deutsches Empfinden inhaltlich klar der Sachebene angehört und daher mit dem Persönlichkeitsbereich „Rationalität" bearbeitet werden kann, verletzt in Tschechien die Gefühle der Person.

Die Vermischung dieser Sektoren hat u.a. zur Konsequenz, daß es für Tschechen sehr schwierig ist, Kritik und Konflikte zu handeln. Man fühlt sich nämlich stets als gesamte Person betroffen und reagiert dann entsprechend. Wie mit Konflikten unter diesen Umständen umgegangen wird, dem widmen wir einen eigenen Kulturstandard (vgl. 2.7.).

<u>Beruf - privat</u>

Im Einklang mit der hohen Personorientierung nehmen sich Tschechen mehr Zeit für die Kontaktpflege während der Arbeit. Dabei beschränken sich die Gespräche aber keinesfalls auf berufliche oder berufsnahe Themen, sondern umfassen alles, was die Personen gerade bewegt.

Mit Geschäftspartnern geht man natürlich essen - notfalls auf eigene Rechnung. Soviel Zeit und Geld muß vorhanden sein.

Während der Arbeitszeit wird nicht immer voll konzentriert geschuftet, sondern man gönnt sich auch Erholungszeiten. Dafür nimmt man sich u.U. aber auch Arbeit mit nach Hause oder in den Urlaub, weil man sein Pensum nicht geschafft hat. In der Freizeit spricht man sehr viel über die Arbeit und nutzt sie zu beruflich dienlichen (informellen) Kontakten.

Als Auswuchs dieser Haltung gibt es Menschen, die für ihre Privatinteressen die Firma zu nutzen verstehen - ohne Skrupel.

Rolle - Person

Soziale Rollen werden als einengend empfunden. Man trifft doch auf ganz konkrete Menschen, nicht auf reine Funktionsträger - betonen Tschechen. Die „Persönlichkeit" ist daher ausschlaggebend für die Art, wie man sich selbst benimmt. Und die Persönlichkeit des Gegenübers ist ausschlaggebend für die Zukunft der potentiellen Kooperation.

So gibt man seiner beruflichen Rolle eine individuelle Note - mit all seinen positiven und negativen Seiten als Person, also seinen Eigenarten, Vorlieben, Abneigungen usw.. Die Stimmungsschwankungen, Sorgen, Freuden der Person hinter der Rolle sind deutlicher spürbar. Persönliche Meinungen gelten als durchaus legitime Diskusssionsbeiträge und gehen in die Entscheidungen mit ein.

Man erlaubt es sich auch, seine Rolle beizeiten zu verweigern und nicht zu tun, was aufgrund der Rolle erwartet werden würde. Man huldigt dem Motto: „Ich bin eben so. So muß man mich nehmen." Für manche Tschechen besteht im Chefsein allein der Reiz der Position („Ich bin wichtig"), sie vergessen fast zu arbeiten. Bei vielen Entscheidungen sieht man nicht nur die Sache, sondern bedenkt seine persönliche Situation mit. Andererseits sind Tschechen auch eher einmal zur Überschreitung ihrer Kompetenz bereit und tun mehr, als sie gemäß ihrer Rolle tun sollten, wenn sie hochmotiviert sind.

In Präsentationen und Vorträgen schätzt man es, wenn die Person des Redners durchschimmert. Eine Mischung aus persönlichen, sachlichen und lustigen Passagen kommt besonders gut an.

Im Chef-Mitarbeiter-Verhältnis fällt auf, daß viele (gute) tschechische Chefs mit ihren Mitarbeitern per Du sind und mit ihnen ein sehr kameradschaftlich anmutendes Verhältnis pflegen. Die hierarchischen Grenzen erscheinen in dieser Hinsicht nicht so scharf gezogen wie bei Deutschen, denn man ist sich „menschlich" näher. Die Beziehungen zwischen einem Chef und seinen Mitarbeitern sollen gut sein: Man liebt es, miteinander zu trinken und zu feiern. Läßt sich ein Chef nicht darauf ein, dann muß er schon sehr großes Fachkönnen haben, um anerkannt zu sein. Nur dann verzeihen ihm seine Mitarbeiter dieses „schlechte" persönliche Verhalten. - Diese „menschliche" Ebene beeinträchtigt aber nicht den Respekt vor der Position!

Tschechen empfinden Kontakte mit Deutschen anstrengend, weil sie das Gefühl haben, sich immer kontrollieren zu müssen und Verhalten nur innerhalb gewisser, durch die Rolle gesetzter Grenzen zeigen zu dürfen.

formell-informell

Tschechen scheinen Meister zu sein im Vermischen von formellen und informellen Strukturen. Informelle Gruppen spielen für sie dabei eine entscheidende Rolle:

Man genießt zum einen die angenehmere Atmosphäre im jeweiligen informellen Rahmen und erlebt diese Begegnungen als Möglichkeit, gute Beziehungen zueinander zu haben und zu pflegen.

Zum anderen findet hier die tschechische Form von Mitbestimmung statt, denn hier „redet man miteinander", hier spricht man sich ab, hier herrscht weitreichende Offenheit im Meinungsaustausch. Und als Führungskraft sucht und findet man hier Unterstützung zur Durchsetzung von Entscheidungen, zur Verfügbarmachung von Ressourcen, zur Gewinnung und Ausübung von Macht. In den informellen Kanälen werden nämlich die Meinungen der Mitarbeiter erfragt und ausgelotet; hier lassen sich Vorbehalte klären und die Zustimmung zum jeweiligen Vorhaben erwirken. Konfrontationen oder Konflikte bei offiziellen Sitzungen lassen sich somit vermeiden, weil ein (guter) tschechischer Vorgesetzter sich in den informellen Gesprächen bereits ein Bild von den Einstellungen seiner Mitarbeiter machen, ihre Vorbehalte minimieren und sich ihre Zustimmung zu seiner Idee holen konnte. Und die Unterstützung seiner offiziellen Entscheidung durch die Mitarbeiter verhindert einen späteren möglichen Widerstand.

Die informellen Vereinbarungen sind somit auch wichtiger als das, was in formellen Meetings geschieht. Das ist quasi nur noch der Vollzug dessen, was man vereinbart hat.

Entscheidungsfindungsprozesse laufen in Tschechien charakteristischerweise so:

- In informellen Kanälen werden Entscheidungen vorbereitet.

- Entscheidungen werden dann „formell" auf der entspechenden Hierarchiestufe getroffen.

- Offizielle Gruppensitzungen sind nicht kontrovers, da die entscheidenden Punkte informell vorbesprochen wurden.

- Probleme werden in informellen Gesprächen zu bereinigen versucht. - Offiziell kann es den Anschein haben, daß sie totgeschwiegen werden.

Auch eine Verhandlung, eine persönlich wichtige Entscheidung, die Klärung einer drängenden Sachfrage wird als einfacher, schneller und angenehmer erlebt, wenn man 'bei einem Bierchen" zusammensitzt.

Formelle Kommunikations- und Informationsstrukturen, wie z.B. das Berichtswesen, werden vor allem bei Konflikten, Störungen, Kämpfen eingeschaltet. Wenn alles gut läuft, dann braucht es sie nicht - so die Einstellung. Dann kann man ja „miteinander reden".

Informell gesagte Informationen sind daher genauso wichtig wie formell geäußerte. Außerdem rechnet man ja damit, daß die formellen Kanäle nicht gut funktionieren.

Außenstehenden erscheinen diese informellen Kontakte wie „Geheimzirkel" oder „Seilschaften". Umso mehr als sie quer durch die Hierarchiestufen, Abteilungen, Firmen, Parteien und weltanschauliche Gruppierungen gehen, denn überall hat man seine Kameraden und Freunde. Somit sagen Deutsche den Tschechen ein ausgeprägtes „Vitamin B" nach. Und Tschechen verfügen auch faktisch über ein weit größeres informelles Beziehungsnetz als das für Deutsche normalerweise der Fall ist. Diese Verbindungen und Kontakte pflegen sie und wenn das nur durch eine weihnachtliche Grußkarte geschieht. Man weiß nie... Alleine schon solche lockeren Kontakte eröffnen Tschechen untereinander viele Chancen. Sie reichen bereits als Basis aus, um sich gegenseitig (kleine) Gefallen zu tun.

Der informelle Weg erweist sich in vielerlei Hinsicht als der goldene:

- Der berufliche Aufstieg hängt von Beziehungen ab, d.h. von Kontakten innerhalb der Firma oder Branche. Auch Seniorität spielt eine große Rolle.

- Größere Aktionen laufen in der Regel über „Vitamin B", d. h. über Bekannte oder über Personen in höheren und jeweils nützlichen Positionen oder über eindeutig ausgewiesene Vermittler.

- Auch mit Behörden und „offiziellen Stellen" sind über entsprechende Kontakte manche Arrangements zu erzielen. Die Personen sprechen miteinander und finden häufig eine Lösung, die sowohl den offiziellen Auflagen entspricht wie auch dem konkreten Anliegen entgegenkommt.

- Freundschaften werden im Geschäftsleben offen genutzt. (Deutsche fühlen sich u.U. „ausgenutzt".)

- Bei Einstellungen ist das erste Kriterium u.U., daß jemand aus dem Kreis der Bekannten oder Verwandten kommt. Das zweite Kriterium ist dann die Fähigkeit der Person.

Distanzregulierung

Persönlichkeitsbereiche kann man in Bezug darauf, wie zentral oder peripher sie empfunden werden, in einem „Zwiebelmodell" darstellen: Die äußeren Bereiche betreffen die Person weniger intim und sind daher für andere Menschen leichter zugänglich, die inneren beinhalten zentralere Eigenschaften oder Einstellungen und werden nur nahen Freunden und Vertrauten geöffnet. Diese Abstufungen existieren für Tschechen und Deutsche gleichermaßen. Auch Tschechen differenzieren sehr klar zwischen Menschen verschiedener Bekannt- und Vertrautheitsgrade. Das unterscheidende Merkmal zu den Deutschen besteht dabei darin, daß innerhalb dieser verschiedenen Nähegrade aber weit mehr Diffusion herrscht. Diese Diffusion irritiert Deutsche zunächst einmal zu Beginn der Bekanntschaft, weil sie hier Verhaltensweisen erleben, die sie nicht kennen (Mißtrauen) oder selbst erst später zeigen (emotional, persönlich, informell).

Das Kennenlernen zu Beginn erfolgt in folgenden Stufen:

1. Vorsicht, Zweifel und Mißtrauen gegenüber jedem Fremden:

Das ist grundsätzlich die Eingangsbedingung.

- Man verhält sich reserviert, abwartend und bedächtig gegenüber unbekannten und wenig bekannten Personen. Tschechen werden als introvertiert erlebt, die einige Zeit brauchen, bis das Eis schmilzt. Die Ignoranz Fremder und die Zurückhaltung gegenüber Fremden ist noch ausgeprägter als in Deutschland (z.B. Zurückhaltung mit Gruß).

- Das Mißtrauen hat seinen Grund: Man will sich nicht betrügen lassen. Alles zu prüfen, gilt als überlebenswichtig. Informationen nur spärlich zu streuen ebenso. Man vermutet zunächst einmal, über den Tisch gezogen zu werden. Jemandem einfach Vertrauen zu schenken, das gilt als naiv.

2. „Emotionale Beurteilung" neuer Bekannter und neuer Situationen - Zugang oder Distanzierung:

Bei spontaner Sympathie wird der Kontakt aber schnell emotionaler, freundlicher, offener. Man dringt in eine erste Schale der Persönlichkeit ein. Und dieser Kontaktschluß kann wesentlich schneller gehen als in Deutschland.

- So duzen sich Kollegen grundsätzlich. Im großen Unterschied zu Deutschen ist dies jedoch keine derartige Sympathiebekundung, daß man auf eine sich anbahnende Freundschaft schließen könnte. Man ist ein Bekannter oder ein Kollege - aber nicht mehr.

- Gelebt wird nun eine Form von Warmherzigkeit und Aufmerksamkeit, die sich für Deutsche freilich bereits mindestens wie eine gute Bekanntschaft anfühlt.

Entsteht keine Sympathie, dann ist eine Distanzierung zu spüren. Der innere Abstand wird als mehr oder weniger deutlich empfundene Ablehnung erlebbar. Anzeichen dafür sind Ausreden aller Art und ein weiterhin sehr zurückhaltender, vorsichtiger Interaktionsstil.

3. Vertrauen bei Nähe:

Vom Stadium des Bekannten / Kollegen aus hat man sich weiter „vorzuarbeiten". Das Herstellen weiterer Nähe dauert seine Zeit. Jetzt gilt es nämlich vom Bekannten zum Kameraden und evtl. zum Freund zu werden. Entscheidend für diesen weiteren, möglichen Vertrauensaufbau ist, ob die Personen dann miteinander positive Erfahrungen machen.

Wie gesagt, nicht die Abstufung irritiert Deutsche, sondern die bleibende Diffusion: Tschechen schalten nämlich auch im Stadium von Freundschaft keineswegs nur auf „privat" um, sondern verfolgen munter ihre geschäftlichen Interessen in der Freundschaft weiter. Somit bleibt in etlichen Kontakten für Deutsche ein mehr oder weniger ausgeprägtes Gefühl bestehen, „ausgenutzt" zu werden. D.h. es ist für sie nicht klar auszumachen, ob die bestehende Beziehung auf Sympathie beruht und damit eine „Herzenssache" ist oder ob die freundschaftliche Beziehung zu ihnen sich nicht (auch) aus Motiven des eigenen Vorteils nährt. Deutsche trennen die beiden Bereiche klar, für Tschechen stellt sich diese Frage so nicht. – Dazu kommt erschwerend hinzu, daß Tschechen ihre Beziehungen nicht explizit benennen und gestalten, sondern „nur" leben, sodaß Deutsche ein Feedback weithin vermissen (vgl. dazu 2.6. und 2.7.).

Vor- und Nachteile:

Die Vorteile der Diffusion liegen wiederum im „menschlicheren" Klima des Umgangs miteinander. Der Ton ist „weicher".

Die Nachteile sind zum einen darin zu sehen, daß „Menschlichkeit" auch immer Negatives inkludiert: Neid, Mißgunst, Intrigen, Ausspielen von anderen oder Ausreizen des individuellen Spielraums für Eigeninteressen etc.. Zum anderen wirkt Verständnis, Rücksicht, Einfühlsamkeit in die Mitmenschen einer harten, fordernden Gangart entgegen und verhindert die Einlösung manches Anspruchs an Effizienz.

2.5.2. Der (west)deutsche Kulturstandard „Trennung von Persönlichkeits- und Lebensbereichen"

Definition:

Deutsche nehmen eine strikte Trennung der verschiedenen Bereiche ihres Lebens vor. Sie differenzieren ihr Verhalten sowohl deutlich danach, in welcher Sphäre sie mit einer anderen Person zu tun haben wie auch danach, wie nahe sie einer anderen Person stehen.

Die Unterscheidung folgender Sphären ist daher wesentlich:

- Beruf - privat

Deutsche arbeiten während der Arbeit und „leben" in ihrer Freizeit, d.h. nach Feierabend, am Wochenende, im Urlaub. In der Arbeit hat die Arbeit Vorrang und alles andere tritt an die zweite Stelle. Im Privatleben nehmen Beziehungen, Familie, Freunde, persönliche Neigungen und Interessen die ganze Person in Anspruch.

Im Beruf ist man sachorientiert, privat beziehungsorientiert. Im Beruf ist man zielstrebig, privat will und muß man entspannen. Im Beruf widmet man sich den jeweiligen Sachinhalten, im Privatleben fröhnt man unter Umständen ganz anderen Neigungen und schafft seinem Gemüt Ausgleich. Manchmal scheint es, als hätte man mit zwei verschiedenen Menschen zu tun - im äußeren Erscheinungsbild, im Verhalten, in der Stimmung.

- Emotionalität - Rationalität

Deutsche bemühen sich, ihre Gefühle und die „objektiven Fakten" auseinanderzuhalten. Dabei ist das Vorherrschen der Rationalität vor allem im Berufsleben angesagt, wo es als professionell gilt, sich sachlich zu zeigen (vgl. Sachorientierung) und Gefühle in mancherlei Hinsicht fast Schwäche bedeuten. Rationalität ist somit der Persönlichkeitsbereich, der beruflich aktiviert wird und die Basis für die Sachorientierung darstellt. Emotionalität ist dagegen im Privatleben dominanter. Jetzt ist wichtig, Mitgefühl mit und Verständnis für andere zu haben sowie sich seiner eigenen Gefühle bewußt zu sein und ihnen freieren Lauf zu lassen. Doch immer dann, wenn es um heikle Fragen geht, wird unterschieden zwischen dem, was man sich „rational" zu einer Sache denkt, und dem, was man „emotional" „aus dem Bauch heraus" meint. Beides ist dann gegeneinander abzuwägen, um zu handeln.

- Rolle - Person

Deutsche definieren die Rollen, die zu bestimmten Positionen gehören, klar. Professionalität bedeutet, man weiß um seine Rolle in allen Facetten - bis hin zu Kleinigkeiten. Und man hält diese Rolle auch ein. Beruflich heißt das: Man ist korrekt und in der Sache engagiert zugleich, angemessen distanziert und mit entsprechender fachlicher Qualifikation. Zeigt man darüber hinaus gehendes Verhalten, läuft man Gefahr „aus der Rolle zu fallen", was meist nicht positiv bewertet wird. Man ist weder zu enthusiastisch noch beleidigend.

Die Person, die hinter der Rolle steht, ist häufig in vielerlei Hinsicht schillernder. Doch sie kann, will sie beruflich anerkannt sein, nur einen Teil ihrer Persönlichkeit in ihrer Rolle ausleben: am besten die Seiten, die der Rolle förderlich sind und den Rolleninhaber damit überzeugend oder manchmal fast charismatisch erscheinen lassen.

- formell - informell

Deutsche trennen auch zwischen formellen und informellen Settings. Die wünschenswerte Norm heißt dabei: Die wichtigen Dinge laufen in den formellen Kanälen. Damit sind sie einsehbar, nachvollziehbar und einfacher zu handhaben. Was Deutsche deshalb analog dem Kulturstandard „Strukturliebe" organisieren, das hat auch für den beruflichen Alltag tatsächliche Bedeutung.

Informelle Settings haben leicht den Geruch des Verdeckten, Hinterhältigen, Illegalen, Halbseidenen, mitunter sogar Intriganten - eben einer Struktur, die eigentlich nicht sein sollte und nicht offensichtlich werden darf. Ihrer bedient man sich, wenn es um Kampf und Macht geht und die, die darin involviert sind, tun das am besten nicht kund.

Distanzregulierung:

Außerdem spielt für die Art des Kontakts zu Deutschen Nähe eine entscheidende Rolle. Es sind bei ein- und derselben Person ganz unterschiedliche Verhaltensweisen beobachtbar, je nachdem, ob ihr Interaktionspartner ein Fremder, ein Bekannter / Kollege, ein guter Bekannter oder ein echter Freund ist. Die Entwicklung von Freundschaften ist dabei der (angenehme) Ausnahmefall. Als durchgängiges Muster kann für Deutsche gesagt werden, daß sich (a) der Kontakt vom Distanzierten und Formellen zum Vertrauten hin bewegt, daß (b) die anfängliche Sachlichkeit und Rationalität zunehmend größerer Emotionalität, Herzlichkeit und Personorientierung weicht, daß (c) Nähe eine „Herzenssache" und nicht von Zweckrationalität bestimmt ist. Die Annäherung erfolgt Schritt für Schritt in den Stufen

1. neutrales Verhalten zu Beginn

2. schrittweises Sichnäherkommen mit zunehmender emotionaler Öffnung

3. Freundlichkeit bis Herzlichkeit.

Darstellung:

Beruf - privat

In der Arbeit hat die Arbeit Vorrang. Darauf konzentriert man sich, anderes hat jetzt keinen Platz. Das Privatleben hat hier nichts zu suchen. Kollegen wissen daher voneinander u.U. nicht allzuviel. Über private Belastungen und daraus resultierende Gefühle spricht man häufig am Arbeitsplatz nicht, sie könnten die Konzentration und die Leistungsfähigkeit beeinträchtigen, eine gewisse Vernachlässigung der beruflichen Pflichten zur Folge haben, damit die eigene Position schwächen und schlimmstenfalls Rivalen ermuntern, die Chance für sich zu nützen. Und man hätte sogar noch selbst auf seinen (kleinen) Leistungseinbruch aufmerksam gemacht. Ein Chef wird sich hüten, sich für das Privatleben seiner Mitarbeiter zu interessieren, es könnte als Einmischung verstanden werden, deren Beweggründe nicht klar sind. Man zahlt auch nicht für dienstliche Belange aus der eigenen Tasche.

Aufgrund dieser Trennung sehen viele Deutsche ihren Aufenthalt in Tschechien auch als reine „Dienstzeit" an, von der sie am Wochenende nach Hause in die Freizeit und das eigentliche „Leben" flüchten. Ihr Antrieb, sich in Tschechien zu integrieren, die Sprache zu lernen, sich dort einzuleben, ist damit zum Teil sehr gering. Sie möchten niemanden beleidigen, sie handeln nur getreu dem Motto: Dienst ist Dienst und Schnaps ist Schnaps.

Der Urlaub stellt eine geliebte Sondersituation dar, in der z.T. das Gegenteil des normalen, beruflich geprägten Alltags gelebt wird, z.B. Offenheit, Freundlichkeit, Hilfsbereitschaft, Kontaktfreudigkeit, Gruppenzugehörigkeit, Kennenlernen anderer, Zeit haben, aber auch Aus-der-Rolle-Fallen.

rational - emotional

Deutsche trennen persönliche Freundlichkeit - sie gilt dem Menschen hinter der Rolle - von objektiver beruflicher Leistungsbeurteilung oder fachlicher Kritik - sie bezieht sich auf die Sache und die Qualität der Rollenerfüllung. Auch freundliche Menschen können daher hart sein im Urteil oder in ihren Forderungen.

Ist das Arbeitsklima konstruktiv und frei von Machtkämpfen, dann ist es aus dieser Logik heraus Deutschen auch möglich, zu sagen, wenn sie einmal Schwierigkeiten mit einer Aufgabe haben oder einen Fehler gemacht haben, ohne sich als Person abgewertet fühlen zu müssen. Im Gegenteil - ein solches Verhalten wird hoch geschätzt als konstruktiv, bemüht, engagiert.

Ein Umschalten vom deutschen Anspruch der Rationalität und „Objektivität" auf zum Teil massive Emotionalität erfolgt, wie wir bereits gesehen haben, dann, wenn sich Deutsche dazu legitimiert sehen, weil beispielsweise etwas nicht so läuft, wie es gemäß der (in ihren Augen vereinbarten) Struktur laufen sollte. Jetzt zeigen sie vor allem in negativer Hinsicht ihre Emotionen: Sie ärgern sich offen, äußern Ungeduld und Unzufriedenheit, zeigen Wut und Enttäuschung. - Beleidigungen, Schläge unter die Gürtellinie, ein Ausfällig-Werden sind dennoch tabu, dafür sorgt das Bemühen um die Rolleneinhaltung.

Fehlschläge im Beruf und berufliche Niederlagen schmerzen natürlich auch Deutsche sehr. Doch man zwingt sich während der Arbeit zur Disziplinierung der persönlichen Gefühle (z.B. Ausleben der Enttäuschung) und zum Leben mit dem Mißerfolg. Schwächen gilt es nur dosiert zu zeigen und dabei die Handlungsbereitschaft in den Vordergrund zu stellen. Beharrlichkeit, Weitermachen, „nicht aufstecken", „aus Fehlern lernen" ist angesagt. - Sachlich-inhaltlich wird selbstverständlich in Krisensitzungen nach den Ursachen gesucht.

Rolle - Person

Im Sinne ihrer Strukturliebe definieren Deutsche Rollen, Zuständigkeits- und Kompetenzbereiche klar. Und wenn sie diese verbessern wollen, nehmen sie Umstrukturierungen vor. Solange sie aber gelten, wird erwartet, daß diese Rollen ausgefüllt werden: Persönliche Belange (Sympathien, Unlustgefühle, anderweitige Verpflichtungen usw.) haben sich während der Arbeitszeit den Rollenanforderungen unterzuordnen. So sind Dienstreisen oder Geschäftsessen z.B. nicht zum Vergnügen da. Oder wenn aufgrund einer dringenden Anfrage eine Arbeit zu erledigen ist, dann soll es nicht ausschlaggebend sein, ob diese Person fremd oder bekannt ist. Die Rolle, in der diese Person anfragte, und damit die Arbeit, steht im Vordergrund und die das Ergebnis erwartende Person selbst rangiert an zweiter Stelle.

Die einzelnen hierarchischen Ebenen sind in ihrer Rollendefinition voneinander getrennt. Jede hat ihre Aufgaben und eine höhere Ebene mischt sich normalerweise in die Aufgaben der niedrigeren Ebenen nicht ein. Die rangniedrigere Ebene nützt ihren Spielraum und füllt ihn verantwortlich aus, worauf sich die ranghöhere Ebene auch gerne verläßt: Sie hat bestimmte Teilbereiche ihres (theoretischen) Zuständigkeitsgebiets delegiert und muß sich nur noch im Konfliktfall darum kümmern. Durch gewisse „Rituale", wie die Einhaltung der Zeichnungsberechtigung, der Entscheidungsbefugnis, des Dienstwegs und der Zuständigkeit wird immer wieder das Rollengefüge bestätigt.

Für Chefs besonders heikel ist die Tatsache, daß man durch ein Verwischen der Grenzen in Richtung der Persönlichkeit seine Autorität als Chef zumindest zu einem Teil einbüßt. Ein Chef hat für die Zielerreichung zu sorgen, indem er seine Mitarbeiter dazu anhält, ihre Rollen innerhalb der Struktur einzunehmen und damit der gemeinsamen Sache möglichst effektiv zu dienen. Nähe bewirkt aber ein tendenzielles Verlassen der Rolle und erfordert verstärkte Berücksichtigung der Belange einer Person (vgl. Distanzdifferenzierung). Somit wirkt sie im Konfliktfall zwischen objektiver sachlicher Notwendigkeit und persönlicher emotionaler Befindlichkeit der Effektivität des Systems entgegen. Und genau das soll im Sinne der Vorrangstellung der Sachorientierung und der sie stützenden Strukturen nicht sein.

formell - informell

Deutsche halten in erster Linie formelle Sitzungen. Dort ist ihrer Meinung nach der Ort für Meinungsäußerungen und für Mitbestimmung, denn hier wird diskutiert und entschieden. Wer etwas zu sagen hat, soll hier seine Stimme erheben. Informelle Wege werden nicht als das „normale", „übliche" Vorgehen betrachtet. Die informelle Ebene ist in Deutschland auch normalerweise unbedeutender als die formelle. Eine weitere Konsequenz ist, daß es sehr viele Meetings gibt. Diese Sitzungen und Besprechungen dienen dazu, den Informationsfluß in geregelten und nachvollziehbaren Bahnen laufen zu lassen. Damit soll gewährleistet werden, daß alle, die etwas wissen müssen, dieses auch erfahren und daß andererseits nichts übersehen wird. Inhaltliche Wiederholungen können auftreten, weil man wichtige Dinge nochmals eigens im dafür vorgesehenen Rahmen benennt: Informell (nicht vertraulich!) Gesagtes wird in der Besprechung erneut aufgegriffen. Erst jetzt gilt es und erst jetzt kann man sich sicher sein, daß es nicht überhört wurde. Selbst Teamsitzungen finden ganz offiziell statt und es wird u.U. sogar protokolliert und was dort besprochen wird.

Für viele Dinge werden formelle Informationskanäle eingerichtet, d.h. offene, nachvollziehbare Informationsflüsse. Bei der Entscheidung zwischen Angeboten gilt es z.B. als faires Vorgehen, wenn das Angebot eines jeden Wettbewerbers offiziell eingeholt und objektiv geprüft wird.

Analog der Trennung von Beruf und privat, haben Deutsche mit Kollegen eher selten am Feierabend Kontakt und begeben sich eben nicht in informelle Strukturen. Was sie mit Kollegen zu besprechen haben, das tun sie vor allem während der Dienstzeit in den dafür vorgesehenen Strukturen. Was Deutsche damit regelmäßig unterschätzen, ist, daß sie sich mit einem analogen Verhalten in Tschechien selbst aus vielen informellen Zirkeln ausschließen.

Weil in Deutschland die Betonung auf formalen Strukturen liegt, ist die Hierarchie sehr sichtbar bis in sämtliche Teile ihres Funktionierens hineins.

Wie bereits dargelegt, werden Seilschaften und Mauscheleien als etwas betrachtet, das es natürlich gibt, das aber gegen die Norm, wie das Geschäftsleben sein sollte, klar verstößt.

Im Vergleich mit Tschechen fallen zusätzlich zwei Dinge auf:

1. Das Nutzen des „Vitamin B" ist in Deutschland eng daran gebunden, daß man jemanden wirklich persönlich kennt - d.h. eine Vermittlung über Dritte reicht nicht aus. Außerdem muß zu ihm auch noch ein relativ enger Vertrautheitsgrad (vgl. Distanzdifferenzierung „guter Bekannter") bestehen.

2. Das Beziehungsnetz, das besteht, ist wesentlich kleiner, enger begrenzt und somit weniger weitreichend. Es ist nur in sehr eingeschränktem Maße möglich, Interessen über Beziehungen zu verfolgen. Für vieles ist der offizielle, formelle Weg tatsächlich der einzige, der zu beschreiben ist.

Distanzregulierung

Das Annäherungsverhalten Deutscher durchläuft folgende Stufen:

Umgang mit *Fremden*:

Fremden gegenüber verhalten sich Deutsche reserviert, neutral, formell. Oftmals zieht man sich auf die reine Sachebene zurück und agiert ausschließlich aus der (z.B. beruflichen) Rolle. Das wird von Tschechen als kalt erlebt, als steif, als verschlossen oder mangels Lächeln und „menschlicher Note" als schlecht gelaunt. Höflichkeitsfloskeln sind oft reine Höflichkeit ohne den Anspruch, näher aufeinander zugehen zu wollen.

Umgang mit *Bekannten / Kollegen*:

Die Reserviertheit der Deutschen geht etwas zurück. Das Benehmen ist freundlicher und entgegenkommender. Man ist z.b. jetzt bereit, auf Anfrage im Rahmen seiner Befugnisse und Möglichkeiten zu helfen. Man hält aber immer noch Abstand und zeigt keine Gefühlstiefe. Man agiert immer noch vornehmlich aus seiner Rolle und wird kaum auf die Idee kommen, informelle oder gar private Settings mit Menschen dieses Nähegrades aufzusuchen. Geschäftliche Verpflichtungen, die über die Bürozeiten hinausgehen, werden nämlich als „Opfern von Freizeit" aufgefaßt.- Im Büro ist diese Ebene vielfach der „normale Umgangston". Das deutsche „Sie" ist die korrekte, verwendete Anredeform, denn „Sie" sagt man zu allen Bekannten, nur gute Bekannte und Freunde duzt man. Das „Sie" an dieser Stelle signalisert Selbst- und Fremdachtung und legt den Charakter einer Beziehung offen: Man hält sich an seine Rollen und verhält sich korrekt, wenngleich durchaus freundlich. Auch Kunden werden so, d.h. zwar höflich, aber doch „distanziert" behandelt: Aufdringlich zu sein, könnte den Verlust des Kunden bedeuten. Prinzipiell ist es auf dieser Ebene möglich, mit Kollegen zusammenzuarbeiten, die man nicht besonders mag. Das ist nicht angenehm, aber man hält sich zurück, besinnt sich auf das zu erzielende Ergebnis und hält eben soviel Abstand wie möglich.

Auch Chef-Mitarbeiter-Beziehungen bewegen sich üblicherweise auf diesem Distanzlevel. Und hier erhält die Anrede per „Sie" eine wesentliche Bedeutung: Mit ihr wird die Aufgabenorientiertheit sichergestellt, weil verhindert werden soll, daß sich Privates und Berufliches vermischen. Bei einem „Näherkommen" fiele die Distanz und Führen erschiene dann aus deutschem Verständnis schwieriger. Denn Freundschaftlichkeit oder Herzlichkeit ist nun mal im deutschen Kontext ganz klar im Privatbereich angesiedelt und verpflichtet zu einer Berücksichtigung persönlicher und emotional motivierter Belange. Das würde daher zwangsweise den Chef darin einschränken, seinen Mitarbeitern das sachlich Optimale abzuverlangen und den Mitarbeiter dazu ermutigen, sich dem Chef gegenüber „mehr herauszunehmen", d.h. weniger strikt die Erfordernisse der Rolle als vielmehr eigene (momentane) Befindlichkeiten im Auge zu haben.

Einen qualitativen Sprung im Verhalten Deutscher stellt das Vordringen in den Kreis der *guten Bekannten* dar. Er ist schlagwortartig so zu charakterisieren:

Man hat sehr bewußt ausgewählt, mit wem man sich weiter einläßt und anfreundet. Das sind durchwegs Menschen, mit denen man sich gut versteht und die man gerne mag. Nun ist auf jeden Fall das „Du" angesagt. Jetzt offenbart man zunehmend seine individuellen Belange - also seine Einstellungen, Haltungen, Probleme, kurz seine Persönlichkeit. Nun vereinbart man Treffen in seiner Freizeit (dieses „Privileg" erhalten nur gute Bekannte und Freunde). Gastfreundschaft, Beziehungsorientierung, private Hilfsbereitschaft und Emotionalität ist angesagt. Kleine, freundschaftliche Berührungen oder Umarmungen zur Begrüßung und zum Abschied sind durchaus üblich und unterstreichen die Nähe. Zu diesen Menschen herrscht eine Vertrauensbeziehung, die verpflichtet, ihnen bei Schwierigkeiten beizustehen.

Die Steigerungsform einer *Freundschaft* bedeutet, daß man sich ganz - mit allen Gefühlen, Sorgen und Freuden - öffnet. Freundschaften sind mit Gefühlstiefe verbunden und langlebig. Wichtige Pflastersteine auf dem Weg dorthin sind ein gemeinsamer Horizont: ähnliche weltanschauliche Einstellungen, gemeinsame Interessen, ähnliche Erfahrungen. Eine Freundschaft ist emotional motiviert und eine reine Herzenssache, die von sehr viel gegenseitiger Sympathie getragen ist. Hier nach Vorteilen zu suchen (z.B. materiell, Beziehungen nutzend usw.), wirkt tief verletzend. Die betroffene Person fühlt sich ausgenutzt und um „Liebe" betrogen.

Tschechen, die Deutsche nur beruflich kennen, schildern Verhaltensweisen, wie wir dem Distanzgrad Bekannter / Kollege zuordnen. Sie erleben damit vorwiegend die Seiten „Beruf", „rational", „Rolle" und „formell" an Deutschen. Tschechen, die mit Deutschen Freundschaften eingegangen sind, kennen auch die anderen Seiten und schildern uns dann Deutsche, die sie als liebenswürdige und vertrauenswürdige Menschen erleben.

Vor- und Nachteile:

Die Vorteile der „Trennung von Persönlichkeits- und Lebensbereichen" liegen einmal mehr darin, eine deutsche Form zur Steigerung der Arbeitseffektivität darzustellen. Denn das, was beruflich, in der Rolle, rational, mit Leuten, zu denen wenig Verpflichtungen bestehen, getan werden muß, kann konzentriert „durchgezogen" werden, weil es eine Kompensation in anderen Bereichen gibt.

Und ein großer Nachteil ist damit bereits ebenfalls angesprochen: Das System ist hart für die, die eben kein „Nest" zum Auftanken haben.

Eine weitere Gefahr in dieser Lebensform der Trennung von Lebensbereichen liegt darin, daß sie mitunter zu weit geht und die Authentizität einer Person bedroht. Tschechen erscheint denn auch diese Diskontinuität im Verhalten Deutscher als Falschheit. Und Deutsche selbst beklagen nicht selten eine gewisse Einseitigkeit und Unintegriertheit ihrer deutschen Zeitgenossen.

2.5.3. Die Dynamik des Kulturstandstandardpaars „Diffusion - Trennung von Persönlichkeits- und Lebensbereichen"

Wie geschildert, ist für viele Tschechen das Muster „Diffusion" grundlegend. Aber es gibt eine ganz entscheidende Ausnahme: Informelles wird zwar formell wirksam, aber es wird stets diskret und vertraulich behandelt! Und ein u.U. nicht mehr gut zu machender Konflikt kann heraufbeschworen werden, wenn Deutsche die Diffusion überinterpretieren und diese Grenzziehung nicht beachten. Informelles bleibt nämlich informell insofern, als daß auf der formellen Ebene nie ausdrücklich auf das Informelle Bezug genommen werden darf. Vielmehr bedient man sich dessen geflissentlich, aber wortlos in seinem Handeln auf der formellen Ebene. Tun Deutsche das nicht, machen sie sich des Vergehens der Denunziation schuldig. Man sagt nicht implizit oder explizit, welche Information man von wem woher hat! Für Deutsche wäre das nur dann klar, wenn explizit hingefügt würde: „Das sag' ich Dir im Vertrauen. Behalt's für Dich."

Zu den Deutschen ist generell zu sagen, daß die Trennung in die verschiedenen Sphären umso klarer aufrechterhalten wird, je weniger man einer Person verbunden ist und die Grenzen umso verschwommener sind, je näher man jemandem steht. Die „Trennwände" werden umso dünner, je mehr man sich dem Persönlichkeitskern annähert.

Dieser Kulturstandard operiert aber in sich mit polaren Begriffen. Und auf diesen Ebenen sind es die Deutschen, die viel ausgeprägteren Schwankungen unterliegen.

- Die Startposition im beruflichen Kontext heißt immer: Man begegnet sich in der Arbeit (nicht privat), betont seine Rationalität (nicht die Emotionalität), hält sich korrekt an seine Rolle (ohne ausgeprägte persönliche Note) und an die formelle Struktur.

- Im Prozeß des Kennenlernens und Sich-Anfreundens mit einer Person, wechselt man tendenziell jedoch auch den Pol: Der Kontakt wird privat, mehr Emotionalität gewinnt Raum, die Persönlichkeit wird sichtbar in allen Schattierungen, informelle Settings und Strukturen bilden sich heraus. Der fundamentale Weg zwischen den lutherischen Bereichen „äußere Öffentlichkeit" und „private Innerlichkeit" wird beschritten und man kommt an den Polen „privat", „emotional", „Person", „informell" an.

- Trotzdem gibt es immer wieder eine Verschiebung der Gewichtung:

- Wenn man einen Freund am Arbeitsplatz trifft, konzentriert man sich auf die Arbeit; wenn man sich privat trifft, auf Privates.

- Den Freund wird man in einer offiziellen Besprechung evtl. sogar wieder siezen, um zu zeigen, wie ernst man seine Rolle nimmt und daß man sich keinesfalls informell „verwickeln" läßt.

- Sobald es um eine Sache geht (z.b. bei privaten oder beruflichen Problemen, bei Entscheidungen), bezieht man wieder Position beim Pol „rational" und überlegt und argumentiert „vernünftig".

- In allen Stadien bemühen sich Deutsche - gemäß dem Muster Trennung - um die Ausgewogenheit der Beziehung und das Vermeiden von ungleichgewichtigen Abhängigkeiten. So schenkt man sich z.B. nur zu bestimmten Anlässen etwas; selbst Freunde zahlen ihre Rechnungen getrennt, wenn es sich nicht um eine eindeutig ausgesprochene Einladung handelt. Andernfalls hat man das Gefühl, in ungewisse Verpflichtungen zu geraten oder den anderen „auszunutzen".

Zudem müssen ein paar Einschränkungen gemacht werden:

- Besteht kein vertrauensvolles Klima, in dem sich Deutsche sicher fühlen, dann geben sie sich keine Blöße, geben keine Schwächen und Unzulänglichkeiten zu, sondern bemühen sich, ein starkes und korrektes Bild von sich abzugeben (Rolle).

- Es gibt auch in Deutschland „Vitamin B". Doch vielfach ist man sehr bemüht, um einen offenen Wettbewerb, bei dem auch „Outsider" eine faire Chance erhalten.

Empfehlungen für Deutsche, die mit Tschechen arbeiten:

1. Seien Sie freundlich und höflich. Nicht nur korrekt.

2. Lassen Sie Tschechen auch Ihre „andere Seite" spüren, indem sie zumindest davon erzählen oder sie auch mal zeigen. Sie ist es, die Sympathien wecken kann und damit für Tschechen die notwendige Beziehungsbasis schaffen kann.

3. Seien Sie aufmerksam gegenüber Ihren unmittelbaren Partnern. Merken Sie sich Dinge aus dem Leben Ihrer Mitarbeiter und Kollegen und nehmen Sie daran ein bißchen Anteil. - Genießen auch Sie vice versa die Freundschaftlichkeit, wenn sie Ihnen entgegengebracht wird.

4. Helfen Sie, wenn Sie um Hilfe gebeten werden - auch bei privaten Problemen.

5. Seien Sie etwas weniger distanziert, etwas lockerer, persönlicher. Ihre Rolle perfekt zu spielen beeindruckt nur, wenn Sie sie etwas mit zusätzlicher persönlicher Note versehen. Das kann eine menschliche Geste, eine lockere Bemerkung oder etwas Humor sein - je nachdem, was zu Ihnen paßt. Sie dürfen ja gerne Ihre Rolle spielen, aber bitte ohne Maske!

6. Veranstalten Sie auch einmal etwas außer dem üblichen Arbeitsalltag. Oder regen Sie dazu an. Oder laden Sie mal ein oder unterstützen Sie mal jemanden in einer Sache, in der er es brauchen kann.

7. Halten Sie viel Kontakt zu den Tschechen, mischen Sie sich mit ihnen. Damit können Sie ein Abdriften in rein tschechische Gruppen verhindern, die sich gegenseitig darin bestätigen, daß die Ansprüche der Deutschen Mist sind. Zwingen Sie sie zu einer Auseinandersetzung auf die freundliche, informelle, nette Tour.

8. Geben Sie manchmal etwas zusätzlich. Ein kleine Geste in Richtung positiver Überraschung erstaunt sehr positiv (ein kleines Geschenk, Sozialleistungen...).

9. Lernen Sie mit informellen Strukturen zu arbeiten. Sie müssen nicht alles wissen, zu Ihnen müssen nicht alle offen sein. Es genügt, wenn das die Leute tun, mit denen Sie unmittelbar zusammenarbeiten. Und vertrauen Sie darauf, daß diese

dann ihre Netzwerke bedienen. Das Vitamin B oder ein Vermittler kann manchmal unentbehrlich sein.

10. Drängen Sie sich aber nicht in eine informelle Gruppe! Lassen Sie sich und den anderen Zeit! Zeigen Sie sich unterdessen hilfsbereit und an den Problemen interessiert.

11. Als Chef tschechischer Mitarbeiter müssen Sie diese gut kennen und durch informelle Gespräche viel wissen. Was Sie dort erfahren, ist allerdings streng geheim und vertraulich. Behandeln Sie das diskret! Geben Sie es nie preis und verwenden Sie es nicht zum Nachteil.

12. Lassen Sie es zu, daß die Trennwände zwischen den Lebensbereichen dünner werden, deren Aufrechterhaltung Ihnen strenggenommen viel Energie abverlangt. Es genügt, die Löcher dort zu flicken, wo für Sie die Wand tatsächlich unentbehrlich ist. An den anderen Stellen darf sie bröckeln und kann sogar zur Brücke werden: Schwäche wirkt sympathisch, Emotionen menschlich, privates als zum Glück absolut unentbehrlich, informelles einigend und Vertrauen schaffend, persönliches öffnend.

13. Mißinterpretieren Sie Diffusion bitte auf keinen Fall so, daß Sie jetzt Ihre beruflichen Kontakte zu privaten Zwecken nutzen. Wenn, dann tun Sie das nur in den wenigen Fällen, in denen Hilfe wirklich nötig ist. Dieses Verhalten geht jetzt für Sie aber mit der Gegenleistung einher, daß auch Sie die privaten Belange Ihrer Mitarbeiter (z.B. familiäre Verpflichtungen) berücksichtigen müssen.

14. Tschechische Diffusion bedeutet, in jeder Richtung weniger extrem zu sein als Deutsche. Leben Sie daher Ihre Persönlichkeitsbereiche ebenfalls nur „schwach dosiert". (a) Wenn Sie sich auf der rational-sachlichen Schiene bewegen, verfolgen Sie Ihre Absichten nicht so stringent, ernsthaft, umfassend, wie Sie das von Deutschland her gewohnt sind. Begnügen Sie sich mit den Punkten, die Ihnen am wichtigsten sind und konzentrieren Sie sich auf diese. (b) Und wenn Sie sich auf der emotionaleren Beziehungsschiene bewegen, tun Sie das nicht mit der Intensität, mit der Sie einem Deutschen zuwenden würden. Sie laufen Gefahr, einer üblen Absicht verdächtigt zu werden (Was will der?), denn deutsche Emotionalität und Zuwendung erscheint Tschechen als „übertriebenes deutsches Theater". In beiden Fällen ist eine maximal mögliche Zurückhaltung die Richtung, an der sich ein Deutscher orientieren kann.

15. Eine besondere Schwierigkeit für Deutsche besteht darin, Tschechen von ihren guten Absichten zu überzeugen. Das dauert lange und kostet viel Überzeugungskraft. Seien Sie sich dabei bewußt: Informelle Wege sind jetzt nahezu unerläßlich, denn nur hier kann Vertrauen aufgebaut werden. Tschechen werden nur hier ehrlich und offen reden, nur hier eine Diskussion „erproben", nur hier eventuelle Fehler besprechen. Dabei müssen Sie zeigen, daß das alles keine negativen Konsequenzen hat.

Empfehlungen für Tschechen, die mit Deutschen arbeiten

1. Sie irren, wenn Sie glauben, daß Deutsche nur diese „kalten Roboter" sind, als die Sie sie beruflich oft genug empfinden. Auch Deutsche verlieben sich ineinander, ziehen mit Hingabe ihr Kinder groß, sind einander treue Freunde und engagieren sich in vielerlei Weise karitativ und sozial. Nur ihr Herz hat eben vor allem in diesen genannten Bereichen seinen Platz und an anderer Stelle wird geschuftet, quasi um sich dann dieses Herz wieder leisten zu können.

2. Wenn Sie Kälte zu spüren bekommen, gehen Sie zunächst einmal davon aus, daß sie nicht Ihnen gilt. Mit einer großen Trefferwahrscheinlichkeit liegen Sie richtig in der Annahme, daß sich hier jemand korrekt verhalten will: beruflich verläßlich (Arbeit), sach- und zielorientiert (rational), seine Aufgabe ernst nehmend (Rolle), Strukturen einhaltend (formell).

3. Rechnen Sie damit, daß es länger dauert, bis Sie mit einem Deutschen Kontakt kriegen. Er muß erst warm werden. Glauben Sie es, diese Zeitspanne gilt nicht Ihnen persönlich!

4. Wenn Sie gemeinsame Veranstaltungen organisieren, laden Sie dazu auch Ihre deutschen Kollegen bewußt und nachdrücklich ein. Hier lassen sich Beziehungen installieren. Denn die Deutschen, die kommen, tun das in ihrer Freizeit und sind alleine dadurch schon offener, lockerer und ungezwungener.

5. Gewöhnen Sie es sich an, Ihnen wichtige Punkte im formellen Rahmen zu sagen (z.B. bei Besprechungen). Und zwar am besten dann, wenn Sie an der Reihe sind

und Ihr Punkt auf der Tagesordnung steht. (Daß er darauf steht, dafür sorgen Sie bitte im Vorfeld, indem Sie ihn auf die Agenda setzen lassen). Dann werden Sie gehört und zur Kenntnis genommen. Informell Gesagtes geht unter! Denn hier gilt entweder das "Vertrauensprinzip", d.h. jemand hat mir etwas im Vertrauen gesagt und das *darf* ich nicht verwenden, wenn ich fair bin. Oder Deutsche registrieren einfach nicht, daß das Ihre Meinungsäußerung und Ihr Beitrag war (vgl. schwacher Kontext 2.6.).

2.6. Kulturstandardpaar: „Starker Kontext" versus „schwacher Kontext"

Zentrale Frage:

Wie kommuniziere ich?

2.6.1. Der tschechische Kulturstandard „Starker Kontext"

Definition:

Der Fachbegriff „Kontext" meint, daß in Kulturen die Anteile des explizit und eindeutig Gesagten im Verhältnis zur Gesamtinformation, die in einer Situation enthalten ist, verschieden groß ist. Ist der Anteil der nicht-sprachlichen Botschaften hoch, dann handelt es sich um einen starken bzw. Hoch-Kontext. Ist der Anteil des verbal Formulierten und Nicht-Interpretationsbedürftigen hoch und damit der Kontextanteil gering, dann spricht man von einem schwachen oder Niedrig-Kontext. (Hall, 1989)

Hochkontext-Kommunikation charakterisiert die verbalen Begegnungen unter Tschechen. Sie bedienen sich eines Kommunikationsstils, der (1) in den Formulierungen indirekter ist und (2) impliziter ist, d.h. mehr mit zusätzlichen, nicht-sprachlichen Signalen arbeitet, die dem Kontext zur Interpretation des Gesagten entnommen werden müssen.

Tschechen sagen deshalb, sie drücken sich „schlauer" aus als Deutsche, denn sie müssen nicht alles, was sie mitteilen wollen, sagen. Man kann es der Situation durch genaue Wahrnehmung entnehmen.

Darstellung:

<u>Indirektheit</u>

Tschechen benutzen mehr Andeutungen und Anspielungen oder vorsichtige Formulierungen. Sie beschreiben Dinge mehr, ohne sie direkt beim Namen zu nennen. Sie gehen nicht sofort auf den Kern einer Sache zu, sondern schicken viele Worte voraus und machen viele Worte „drumrum".

Deshalb ist auch Humor so wichtig, denn hier kann man Anspielungen und Andeutungen machen, vielleicht auch einmal heikle Dinge oder eine Kritik „unterjubeln" und alle lachen drüber. Und dieses Lachen nimmt den Stachel.

Ein tschechischer Argumentationsstil bei Meinungsverschiedenheiten ist von vielen Fragen gekennzeichnet. Man versucht durch Fragen, auf Schwächen einer Argumentation hinzuweisen und dadurch den Partner von einem anderen Standpunkt zu überzeugen.

Implizitheit

Information wird nicht nur mit Worten übermittelt, sondern alle Kanäle sind wichtig: Körpersprache, Gesichtsausdruck, Tonfall, Augenkontakt, Sprechstil, Schweigen, sozialer Status, gemeinsame Freunde, Dauer der Beziehung sowie sämtliche Signale, die jemand in seinem Umfeld hinterläßt. Alle diese Signale müssen wahrgenommen, in den richtigen Zusammenhang gesetzt, entschlüsselt und richtig interpretiert werden, um verstehen zu können, was Tschechen mitteilen wollen. Der Anteil von Gesprochenem zu Signalen des Kontexts ist dabei unter Umständen so massiv zugunsten der Signale verschoben, daß sich explizit gesprochene Worte ganz erübrigen.

So äußert sich Unzufriedenheit beispielsweise nicht in klaren Beschwerden oder in offenen, mehr oder weniger aggressiven Gesprächen (vgl. Konfliktvermeidung 2.7.), sondern ist vom Verantwortlichen durch viele Signale des Kontexts zu erkennen. Gleichgültigkeit, wenig Interesse, „Abnicken" von Vorschlägen, Ausweichen und Verschieben von Gesprächen, Ungereimtheiten, fade Gesichter, Geschimpfe in Pausen, Nachlassen bei den Ergebnissen, weniger Engagement in informellen Strukturen usw. sind Führungskräften Anzeichen, die sie zu deuten haben. Und Zufriedenheit äußert sich oft schlicht darin, daß die Stimmung gut ist. Auch das bedarf keiner weiteren Worte.

Meist wird selbstverständlich beides gleichzeitig benutzt: Indirektheit und Kontext-Signale. Und das stellt für Deutsche regelmäßig ein Buch mit sieben Siegeln dar.

Von „starkem Kontext" ist z.B. der tschechische Verhandlungsstil gekennzeichnet: Man legt die Karten nicht auf den Tisch, sagt nicht klar, was man möchte, sondern deutet mehr an oder setzt andere Zeichen. Man wartet weithin ab, wie der andere reagiert. Man verdeckt schon mal eigene Schwächen. Man versucht sich durch diesen Stil, Wahlfreiheit zu erhalten und Schleichwege offenzuhalten.

Eine weitere Seite dieses Kulturstandards ist die Neigung der Tschechen zum Literarischen, zu Geschichten, zum Spielen, Inszenieren, zum Feiern, Zelebrieren und zu Ritualen. Diese Dinge sind eine wichtige Kommunikationsform, über die vieles transportiert werden kann.

Werden Tschechen mit dem deutschen Kommunikationsstil konfrontiert, dann fühlen sie sich oft im wörtlichen Sinn „konfrontiert": Klare, eindeutige, direkte Fragen sind ungewohnt, oft unangenehm und können durch die Erwartung einer expliziten Antwort bedrohlich wirken.

Beginnen Tschechen die Aussagen Deutscher zu interpretieren, dann liegen sie oft schlicht falsch. Die Deutschen sagen exakt das, was sie sagen, und meinen keinen Deut zusätzlich. Reagieren aber Tschechen auf das, was sie meinen, daß die Deutschen eigentlich sagen wollen, dann sehen sie sich plötzlich einem Konflikt gegenüber, weil sie in den Augen der Deutschen das Falsche tun.

Umgekehrt erleben Deutsche die Kommunikation mit Tschechen oft als sehr mühsam: Im Kontaktaufbau werden Tschechen als ausgesprochen introvertiert erlebt. Die Deutschen tun sich u.U. schwer, ihr Gegenüber einzuschätzen. Das tschechische Gefühlsleben scheint geringere und seltenere beobachtbare Ausschläge nach oben und unten zu haben. Und dennoch sind Tschechen sehr sensibel, d.h. verletzlich, empfindlich, „zartfühlend". Außerdem scheint es vorsätzlich, d.h. mit expliziten Botschaften und Fragen, kaum möglich zu sein, den Beziehungsaufbau zu beschleunigen und die Tschechen aus ihrer Reserve zu locken. Das, was Deutsche als Offenheit anbieten, trifft auf keine Resonanz.

Vor- und Nachteile:

Dieser Kommunikationsstil des starken Kontexts hat zur Voraussetzung, daß alle Beteiligten denselben Kontext teilen. Er ist innerhalb bestehender Gruppen und existierender Beziehungen sehr vorteilhaft: Man kann sich schnell verständigen, man bestätigt sich gegenseitig das Einanderverstehen und man festigt seine Bande noch weiter.

Dieser Stil ist allerdings - und darin liegt sein Nachteil - von vornherein auf Vertraute beschränkt, die die indirekten Äußerungen und die Kontext-Signale nicht nur zu setzen, sondern auch zu deuten wissen. Und das ist eben mit Deutschen in aller Regel nicht der Fall. Es ist vielmehr so, daß mit diesem Kommunikationsstil das deutsche Vorurteil genährt wird, Tschechen ist nicht ganz zu trauen, sie seien ein bißchen falsch. Und zwar aus folgenden Gründen:

1. Wenn sich in Deutschland jemand so (undurchsichtig) verhält, dann ist das ein ziemlich untrügliches Zeichen dafür, daß er etwas zu verbergen hat und sich aus gutem Grund bedeckt hält. Ein anständiger und aufrichtiger Mensch kann seine Anliegen klar und deutlich sagen.

2. Deutsche nehmen aufgrund dieser Kommunikationsform einen Großteil (den größten Teil?) der tschechischen Botschaften nicht wahr. Denn für sie ist nur das mitgeteilt, was faktisch explizit ausgesprochen wurde. Das allein ist für sie der Stand der Dinge und sie erleben dann ein völlig überraschtes Erwachen, wenn Tschechen von einem anderen Stand der Vereinbarungen oder Informationen ausgehen. Für die Deutschen ist das nicht fair, sondern hinterlistig und hinterhältig. Und sie haben dann den Verdacht, daß die Tschechen sie absichtlich ins Leere stürzen lassen wollten, wenn sie sich plötzlich vor geänderte Tatsachen gestellt sehen.

2.6.2. Der (west) deutsche Kulturstandard „schwacher Kontext":

Definition:

Während Tschechen nur relativ wenig direkt sagen, sondern vieles in kontextuelle Signale verpacken, bevorzugen Deutsche einen Stil großer Direktheit und Explizitheit: Sie formulieren das, was ihnen wichtig ist, mit Worten und benennen die Sachverhalte dabei ungeschminkt. Die charakteristischen Elemente dieses Stils sind:

1. Das WAS steht im Vordergrund, das WIE ist sekundär. - Der Fokus der Deutschen ist nämlich, wie wir schon dargelegt haben, vor allem auf die Sachebene gerichtet, d.h. ihnen kommt es auf den Inhalt des Gesagten an. (vgl. Kulturstandard Sachorientierung)

2. Daher reden Deutsche direkt und undiplomatisch, aber ehrlich und aufrichtig, ganz so, wie sie etwas eben sehen.

3. Sie denken nicht daran, auf etwaige Empfindlichkeiten der Anwesenden besonders Rücksicht nehmen zu müssen. Und so können Ihre Aussagen verletzend wirken,

obwohl das nicht so gemeint und beabsichtigt war. - Schließlich handeln sie gemäß der „Trennung von Lebensbereichen".

4. Interpretationsspielraum zu lassen, ist zudem nicht ihre Sache. Sie wollen sich präzise, klar und unmißverständlich ausdrücken und daher formulieren sie die Dinge, die sie mitteilen wollen, aus. Sie meinen das, was sie sagen; und sie sagen das, was sie meinen. Ergänzende Informationen braucht man nicht dazu zu nehmen, zusätzlich wahrzunehmen oder aus dem Kontext des Gesagten zu entschlüsseln, um im Bilde zu sein, was ihre Botschaft war.

5. Umgekehrt wird in die Dekodierung nur miteinbezogen, was ausdrücklich gesagt wird. Deutsche denken nicht daran, daß das, was man ihnen sagt, nur ein Teil der Botschaft sein könnte, die um weitere Signale ergänzt werden müßte, damit sie verstanden werden kann. Sie hören explizit gesprochene Worte, halten das gewohnheitsmäßig für den Inhalt, den man transportieren wollte und haben keine Ahnung, daß noch anderes zur zuverlässigen Entschlüsselung und Interpretation des Gesagten hinzu genommen werden müßte.

Die Elemente 1-3 beschreiben die deutsche Direktheit, die Elemente 4 und 5 die deutsche Explizitheit.

Darstellung:

Deutsche fallen Tschechen somit zunächst einmal auf als Viel- und Langredner, die alles in epischer Breite darlegen, ohne zu prüfen, ob der tschechische Partner diese Informationen braucht. Diese Eigenart mag aber ganz verschiedene Hintergründe haben:

- In einem Fall wollen die Deutschen durch exakte Erklärungen lediglich erreichen, daß alles glatt läuft, weil der tschechische Kollege die Hintergründe, die Ursachen und die Zusammenhänge kennen soll und nun das ganze Feld beherrschen kann.

- Und im anderen Fall will einer seine Kompetenz nur von neuem zeigen und beweisen, daß er seine Position aufgrund seiner Sach- und Fachkenntnisse zu Recht hat. Durch ausführliche Erklärungen kann man sich in ein gutes Licht rücken und seinen Sachverstand beweisen („Der hat was drauf!"). Und das ist eben so dann und wann zu tun, sonst verliert man an Boden.

- Im dritten Fall sollen alle auf den gleichen Informationsstand gebracht werden, weswegen das Meeting viel Zeit in Anspruch nimmt. Obwohl vielleicht immer nur ein paar Personen von einem Tagesordnungspunkt betroffen sind, sitzen doch alle und sollen zuhören. (Tschechen sehen das als blanke Zeitverschwendung an.)

- In der nächsten Situation bieten Deutsche eine Menge ihres Know-hows explizit aufbereitet in schriftlicher oder Präsentationsform an, um ihre Kooperationsbereitschaft zu signalisieren.

- Und schließlich fordern Deutsche für alles die Schriftform an, für Protokolle, Dokumentationen, Gesprächsnotizen etc.. Denn was man Schwarz auf Weiß besitzt, das kann man getrost nach Hause tragen und man hat es.

Dennoch ist der gemeinsame Nenner all dieser Situationen der, daß eine Sache dann erledigt scheint, wenn sie mit expliziten Worten „abgearbeitet" wurde.

Explizit ist auch die Art, wie Deutsche Beziehungen aufbauen und pflegen: Mit Sprache wird Wirklichkeit generiert. Man sagt, was man will, was man beabsichtigt, welcher Ansicht man ist, wie man sich fühlt etc.. In einem Wort: Man definiert seine Situation für andere mit Worten und geht davon aus, daß derjenige das nun auch für bare Münze nimmt und sich in seinen Reaktionen darauf einstellt. So ist es möglich, daß man sich durch Gespräche kennenlernt, weil sich jeder der Partner in gewissem Sinne offenbart. So ist es möglich, daß man Vertrauen aufbaut, wenn die Ansichten der beiden Partner auf einer Linie liegen. Beziehungen werden weithin über Sprache vermittelt, also über Meinungsaustausch oder Feedback. Voraussetzung dafür ist, daß man einander glaubt - aber das ist mehrheitlich der Fall.

Bei Sympathie zu einer anderen Person bemühen sich Deutsche aktiv um eine Distanzverringerung mit Worten, indem sie z.B. den anderen fragen und von sich erzählen, oder Taten, wie Einladungen, Treffen, gemeinsamen Unternehmungen, initiieren. Diese Aktivitäten, die unter Deutschen Sympathie und den Wunsch, eine nähere Beziehung aufzubauen, signalisieren, erleben Tschechen mitunter als überschwenglich oder übertrieben, weil ganz offensichtlich zu viel getan, gemacht, gesagt wird, statt die zentralen Elemente der Situation einfach nur schweigend, wortlos, nicht-aktiv zu erleben.

Hierher gehört auch der weit explizitere Umgang in Deutschland mit Gefühlen: Man zeigt seine Gefühle deutlicher, man benennt sie, man expliziert sie für andere. „Deutsche machen wieder ein Theater" - sagen die Tschechen. Das ist in deutschen

Augen sich selbst gegenüber ehrlich, denn man ist so, wie man eben gerade ist. Das ist aber auch für den Partner ein Signal, wie er nun die Person zu behandeln hat - bestärkend, beschwichtigend oder sich mit ihr konfrontativ auseinandersetzend. Darin liegt der Grund, weswegen Deutsche von Tschechen für extrovertiert gehalten werden und zwar im positiven wie im negativen.

Und im übrigen gilt: Je vertrauter man miteinander ist, je näher man sich steht (vgl. Distanzregulierung), umso schneller und ungeschminkter sagt man einander die Meinung, zeigt man einander die Gefühle und bespricht sie miteinander.

In Tschechien dagegen herrscht hoher Kontext, was im Kontrast zu Deutschen bedeutet, daß man den Worten weit weniger Bedeutung beimißt: Man kann viel sagen - auf die Taten kommt es an. Insofern will man einen Menschen erleben, beobachten, mit ihm Erfahrungen machen, fühlen, wie es sich an seiner Seite lebt usw. und daraus zieht man dann seine Schlüsse, wie jemand ist und welche Reaktionen ihm gegenüber nun angemessen sein könnten. Beziehungsaufbau heißt somit viel mehr „zusammen*sein*" als miteinander reden.

In die Dekodierung des Gesprochenen wird von Deutschen nur miteinbezogen, was ausdrücklich gesagt wurde. Anspielungen, Signale, Andeutungen, Erwähnungen werden nicht registriert. Die Idee existiert nicht, daß solche Zeichen Bestandteil einer normalen Kommunikation sein könnten. Die Aussage „Ich habe das gesagt" stimmt für Deutsche nur, wenn dieses Etwas explizit gesagt wurde und zwar zu einem Zeitpunkt, an dem für Deutsche dieses Etwas das Thema war. Wenn es sozusagen auf der Tagesordnung stand und mit dem Häkchen „erledigt" versehen werden konnte. Auch eine nebenbei hingeworfene Bemerkung wird wahrscheinlich nicht registriert oder eine informelle Information (vgl. Trennung von Lebensbereichen). Auf der gleichen Linie liegt es, daß Deutsche die Art, wie sich jemand präsentiert, auf jeden Fall hinsichtlich der „Untergrenze" für bare Münze nehmen. Wenn jemand schlecht oder zu bescheiden von sich spricht, dann wird das nicht „nach oben" korrigiert. Von Understatement wird nicht ausgegangen.

Deutsche bedenken oft auch den Kontext zu wenig, in dem sie etwas sagen: Fragt man sie beispielsweise nach ihrer Meinung, äußern sie diese oft völlig schnörkellos und arglos. Sie überlegen sich nicht, wie ihre Aussagen in einer bestimmten Situation wirken, oder was es bedeuten kann, wenn einer in einer bestimmten Position eine Aussage trifft. Die Folgen oder die Gefahren sind nicht im Bewußtsein dessen, der auf eine Aufforderung hin etwas sagt. Er geht davon aus, daß derjenige, der ihm etwas zu entgegnen hat, sein Wort schon erheben wird. Denn jetzt ist ja offensichtlich Meinungsäußerung gefragt. Und hinterher ist der Deutsche über die Wirkung seiner Worte u.U. völlig erstaunt. Deutsche lieben konkrete Aussagen und Absprache und nehmen gleiches natürlich auch von den Tschechen an.

Deutsche sagen, wie sie etwas sehen, im guten und im schlechten. Sie loben nicht oft, aber dann, wenn etwas passiert und funktioniert, das ihnen sehr wichtig ist. Sie arbeiten auch mit positiven Verstärkern und mit Motivationsförderung.

Vor- und Nachteile:

Die Vorteile dieses Kommunikationsmusters sind:

Der direkte Kommunikationsstil richtet sich nicht nur an Eingeweihte, setzt keine gemeinsame Erfahrung voraus, sondern ermöglicht auch Neu- und Seiteneinsteigern den Anschluß, indem sie eben explizit auf den notwendigen Wissensstand gebracht werden. Er ist ein gutes Vehikel zur Überbrückung von Informationsunterschieden und somit zur Integration der Kommunikationsteilnehmer unter der Zielrichtung der jeweiligen „Sache". Und Tschechen fällt an Deutschen auch prompt auf, daß sie hemmungslos nachfragen, wenn sie etwas nicht interpretieren können: „Wie haben sie das gemeint?"

Dieser Stil erlaubt es anderen, gut einschätzen zu können, „woran man ist". Deutsche legen ihre Konditionen klar, sagen ihre Meinung, äußern sich, wenn ihnen etwas nicht behagt. Sie sind damit ziemlich berechenbar.

Die Nachteile sind:

- Dieser Kommunikationsstil des schwachen Kontexts und der Direktheit wirkt oft umständlich, zu ausführlich, redundant.

- Er kann verletzen, indem er zu klar und „ungepolstert" ist.

- Er läßt diejenigen, die an ihn gewohnt sind, völlig unerfahren und ungeübt im Wahrnehmen impliziter Signale und Interpretieren zusätzlicher, nicht gesagter Botschaften.

2.6.3. Die Dynamik des Kulturstandardpaars „Starker Kontext - schwacher Kontext"

Manchmal erzählen Tschechen für deutschen Geschmack zu viel und pendeln zum Pol „schwacher Kontext". Das ist dann der Fall, wenn Deutsche sie etwas fragen, wovon sie als Deutsche wirklich keine Ahnung haben können, z.b. wenn sie sich gute Lokale oder auch bloß eine empfehlenswerte Waschanlage für das Auto vorschlagen wollen. Dann antworten Tschechen sehr ausführlich und berichten sozusagen den ganzen Kontext für die Information, den die Deutschen eigentlich gar nicht wissen wollten (sämtliche Restaurants oder Waschanlagen der Stadt mit ihren Vor- und Nachteilen). Nur dann, so denken sich die Tschechen, wenn man einen Gesamtüberblick hat, kann man richtig entscheiden.

Andererseits gibt es natürlich auch vieles, was Deutsche nicht sagen, sondern als selbstverständlich voraussetzen. Auch sie benutzen stets ein Mindestmaß an gemeinsamem Wissensbestand. Dieser Tatsache sind wir beispielsweise schon mehrmals in der Form begegnet, daß Beziehungen aufgebaut, definiert und interpretiert werden, ohne das zu benennen (vgl. Dynamik Personbezug-Sachbezug). Dennoch kann generell gesagt werden, (1) daß der deutsche Kontext „schmäler" und „kleiner" ist als der tschechische und (2) daß er sich vor allem mehr auf Indirektheit als auf Implizitheit erstreckt.

So gibt es mit Tschechen beispielsweise folgende pikante Variante, in der deutscher Hochkontext wirksam wird: Oft erwarten Deutsche, daß man Übereinkünfte nochmals explizit bestätigt und die einzelnen handlungsrelevanten Inhalte sozusagen wiederholt („Also, wir verbleiben jetzt so..."). Fehlt dieses Signal, dann ist für sie die Übereinkunft nicht erzielt und es geschieht nichts. Jetzt ist der Ärger auf seiten der Tschechen groß, die im Traum nicht darauf kämen, daß sie eine (für sie) klare Sache bestätigen müßten und daß der Deutsche das Fehlen einer Aussage ausnahmsweise einmal registriert und (rücksichtsvollerweise) interpretiert. - Besonders gefährdet sind hier Interaktionen unter dem Stern großer gegenseitiger Höflichkeit und besonderen Bemühens um Konsens, weil dann Deutsche fehlende explizite Signale als vorsichtige Themenvermeidung oder gar als diplomatisches Nein werten können.

Deutsche Informanden weisen darauf hin, daß die Beschreibung ihres Verhaltens als direkt gewisse (in deutschen Augen) positive Verzerrungen aufweist, denn hoher Kontext wird in folgenden Problemsituationen (!) eingesetzt:

- Keinesfalls äußern Deutsche immer ihre Meinung. Je nach hierarchischem Gefälle und persönlichem Bezug zueinander sagen sie sie oder halten sich auch eher damit zurück.

- Die Meinungsäußerungen, die sie von sich geben, sind u.u. je nach Zusammenhang „politisch gefärbt": Manche Aspekte werden z.b. besonders betont und deutlich dargestellt, um dadurch jemanden deutlich zu kritisieren (z.b. beim Feedback im Kontext von Qualitätszirkeln).

Dennoch: Die Erwartung, wie man sich verhalten sollte, was als Normsetzung dem eigenen Verhalten vorschwebt, das ist in diesem Kulturstandard erfaßt und beschrieben - und es heißt überwiegend Direktheit und Explizitheit.

Empfehlungen für Deutsche, die mit Tschechen arbeiten:

Der Ausgangspunkt für jeden deutsch-tschechischen Kontakt ist zunächst einmal der, daß die Kontexte, aus denen beide Partner kommen, verschieden sind. Insofern ist es sinnvoll, sich zu bemühen, einen *gemeinsamen Kontext herzustellen*:

1. Da Tschechen viel Information brauchen, um sich mit einer Sache identifizieren zu können, ist es sinnvoll, daß Deutsche möglichst viel Information und möglichst viele Hintergründe liefern, um Tschechen das, was sie sagen, nachvollziehbar zu machen. - Dabei muß man sich allerdings immer vergewissern, daß man Neues sagt und nicht bereits Bekanntes in epischer Breite wiederholt. Erklären und begründen Sie die Ziele, Ihre Absichten, Ihre Handlungsvorschläge und die erwarteten Konsequenzen. Nur wenn all das nachvollziehbar ist, besteht die Chance zu einer Identifikation des tschechischen Mitarbeiters oder Kollegen und nur dann können Sie damit rechnen, daß das auch getan wird, was Sie miteinander vereinbaren. Eine breite Basisinformation und Transparenz ist nötig. Explizieren Sie wirklich deutlich, was Sie erwarten, welche Vereinbarungen Sie gerne hätten, wie Sie sich welche Rollen vorstellen. Das läßt sich alles in freundlichem und kollegialem Ton und im Bemühen um Einverständnis tun. Aber es verhindert, daß Tschechen „frei interpretieren" und somit Ihren Vorstellungen entgegenhandeln.

2. Viele gemeinsame Gespräche im Laufe der Aktionen und Handlungen stärken den gemeinsamen Kontext auf der Sach- wie auf der Beziehungsebene. Zudem überzeugt das die Tschechen von der Aufrichtigkeit um ein partnerschaftliches Bemühen bezüglich gemeinsamer Lösungen in gegenseitiger Unterstützung und Hilfe. Außerdem erfahren Sie auf diese Weise rechtzeitig von Problemen, Barrieren, Änderungen seitens der Tschechen und können, bevor es zum Konflikt kommt, reagieren.

3. Auch Modellernen ist eine effektive Methode, Kontext zu vermitteln: Laden Sie tschechische Mitarbeiter ins deutsche Werk ein, lassen Sie sie sehen, wie dort etwas gemacht wird, zeigen Sie die Zusammenhänge, auf die es ankommt, hier auf usw..

4. Signalisieren Sie klar die Wichtigkeit und Dringlichkeit Ihrer Anliegen. Obwohl Deutsche eigentlich so explizit sind, sind sie in dieser Beziehung genau die Nuance zu zurückhaltend und höflich, die Tschechen vermeintlichen Spielraum läßt (weil Deutsche ja viel mehr und viel selbstverständlicher von der Einhaltung einmal besprochener Vereinbarungen ausgehen). Formulieren Sie das in einer Art wie: „Bitte, das ist wirklich wichtig, weil..." Die kommunizierte Priorisierung eines Anliegens hebt etwas aus den vielen, gleichzeitig einströmenden Forderungen heraus und läßt es tatsächlich dringend erscheinen. Und dann begründen Sie Ihre Bitte sachlich oder auch - wenn es paßt - mit einem Hilfsappell. (Und manchmal sind sogar weitere Signale für die Wichtigkeit eines Anliegens nötig, z.B. daß ein hochrangiger Chef extra und persönlich aus Deutschland kommt. „Jetzt wird's wirklich ernst.")

5. Eine Devise heißt. nachfragen, nachfragen... um zu überprüfen, ob etwas wirklich verstanden wurde. Das erste Ja nicht akzeptieren!

So können Sie lernen, das, was Tschechen Ihnen mitteilen wollen, zu entschlüsseln:

1. Hören Sie den Tschechen zu: gut, lange! Nur dann wagen sie sich vor und nur dann haben Sie die Chance, das, was man Ihnen sagen wollte, näherungsweise zu verstehen.

2. Fragen Sie nach Meinungen! Damit erhöht sich die Chance, sie zu bekommen.

3. Nehmen Sie die Probleme ernst, die angedeutet werden! Ein „kleines" Problem ist ziemlich sicher eine gewaltiges.

4. Nur dann werden Sie richtig eingeschätzt und bei Vertrauen in informelle Informationsflüsse einbezogen, wenn Sie viel diskutieren und mit den Leuten sprechen: zuhören, zuhören, fragen, mit allen Ebenen.

5. Mitunter kann es helfen, dem Schwejk als Schwejk zu begegnen: Sich dumm stellen und fragen, wie etwas zu verstehen ist, obwohl Sie's eigentlich schon wissen. Dann können Sie noch mehr Informationen erhalten.

6. Vergegenwärtigen Sie sich nochmals die Ausführungen zur „Diffusion". Kontext hängt damit eng zusammen, denn Sie müssen sich die Teilinformationen wie ein Puzzle aus allen Begegnungen (welcher Lebensbereich auch immer) und Kanälen zusammenholen und dann zusammenfügen. Seien Sie immer und überall konzentriert und registrieren Sie, was an Ihr Auge und Ohr dringt.

Seien Sie sich stets des Kontexts bewußt, in dem Sie handeln!

1. Wenn Sie Chef sind und eine Meinung - gleichgültig wann und wo (Diffusion!) - von sich geben, vergessen Tschechen nie Ihren Status und Ihre Macht! Ihre Worte haben immer eine Wirkung.

2. Wenn Sie als Chef eine Meinungsäußerung Ihrer tschechischen Mitarbeiter wünschen, dann können Sie nur fragen und zu Meinungsäußerungen ermutigen. Sobald sie Ihre Meinung ausposaunt haben, ist jede Diskussion zu Ende.

3. Seien Sie sich dessen bewußt, daß Sie als Mensch vor allem dann beobachtet und beurteilt werden, wenn Sie sich unbeobachtet wähnen. Taten zählen - nicht Worte, nicht vorsätzliches „Imponiergehabe" innerhalb der Rolle, nicht Fassade oder Maske. Sicherheit gewinnen Tschechen aus dem Kontext!

Empfehlungen für Tschechen, die mit Deutschen arbeiten

1. Äußern Sie Ihre Bedürfnisse, Wünsche, Anliegen, Meinungen bitte mit Worten! Ein Deutscher hat keine Ahnung, daß es auch andere Wege der Informationsmitteilung gibt. Er wird Sie deshalb nicht verstehen, wenn Sie andere Signale setzen.

2. Wenn Sie sich mißverstanden fühlen, vergegenwärtigen Sie sich einmal, was Sie dem Deutschen ausdrücklich und in klaren Worten gesagt haben. Alles andere weiß er nicht, denn er hat es mit großer Wahrscheinlichkeit nicht wahrgenommen.

3. Nehmen Sie es nicht persönlich, wenn Ihnen ein Deutscher etwas Normales ausführlich darlegt. Sie sind nicht blöd! Auch nicht in seinen Augen. Er folgt hier lediglich einem eingeübten Kommunikationsstil, den er Deutschen gegenüber in derselben Situation ebenso anwendet.

4. Suchen Sie nicht eine zusätzliche Interpretation dessen, was die Deutschen sagen. Die Deutschen sagen, was sie mitteilen wollen - nicht mehr und nicht weniger.

2.7. Kulturstandardpaar: *Konfliktvermeidung versus Konfliktkonfrontation*

Zentrale Frage:
Wie wird mit Konflikten umgegangen?

2.7.1. Der tschechische Kulturstandard „Konfliktvermeidung"

Definition:

Ein sehr schwieriges Feld in der Interaktion zwischen Tschechen und Deutschen ist das völlig andere Umgehen mit Konflikten. Tschechen sagen von sich, daß sie nicht (hart) diskutieren können, daß sie Probleme nicht besprechen können, ja daß ihnen solche Gespräche derart unangenehm sind, daß sie ihnen, wo immer möglich, ausweichen. Man gibt daher der Konfliktvermeidung auf alle Fälle Vorrang vor der Konfliktaustragung. Während also Deutsche Kritik aussprechen, Probleme analysieren, Schwierigkeiten und Unangenehmes beim Namen nennen, würden Tschechen am liebsten bei alledem im Boden versinken. Es ist ihnen nahezu unerträglich.

Wie also gehen Tschechen untereinander mit Konflikten um?

1. Zunächst einmal weichen sie der Thematisierung von Konflikten solange aus, wie es nur irgendwie geht. Es wird einfach so getan, als gäbe es keinen Konflikt. Man will während der Kontakte den Konflikt vergessen, ein möglichst angenehmes Beisammensein herstellen und genießen und damit wieder eine positive gemeinsame Basis schaffen. Der Konflikt wird glattgebügelt, sodaß er die Beziehungsebene nicht mehr stört.

2. Die Signale, mit denen man Konflikte einer höheren, nicht zu leugnenden Eskalationsstufe kommuniziert, sind vor allem Kontext-Signale. Das tut man lange, ausgiebig, geduldig. Ein explizites Gespräch findet eher nicht statt. Wenn, dann werden die Konflikte dabei tendenziell bagatellisiert und ein 'kleines' Problem kann schon mal ein riesiges sein.

Wenn Explizitheit wirklich einmal unumgänglich ist, dann werden Konflikte auf schriftlichem Wege thematisiert (beispielsweise per Fax zum vereinbarten Termin), aber so gut wie nie mündlich.

3. Wird der Druck zu stark, sodaß nichts mehr geschluckt werden kann, dann besteht die Gefahr der Explosion: Die Explosion kann (a) leise erfolgen, indem die Person plötzlich geht und sich ohne Begründung völlig aus der Situation zurückzieht. (b) Der „Knall" kann laut sein und ebenfalls das Ende einer Beziehung bedeuten. Es kann aber auch der Rauch wieder abziehen und keiner ist nachtragend. Das kommt auf die Personen, die Situation und die Stärke der Betroffenheit an.

Für Deutsche sind nun die Stufen (1), (2) und (3a) nicht unterscheidbar, weil sie ja, wie dargestellt, die Kontextsignale der Tschechen meist nicht enträtseln können. Sie erleben nur Funkstille und ärgern sich über die tschechische „Passivität".

Darstellung:

Umgang mit Fehlern und Kritik

Es fällt Tschechen sehr schwer, *eigene Fehler* oder Unwissenheit sich und anderen einzugestehen. Man sucht daher die Gründe für Probleme und Konflikte anderswo als bei sich selbst. Eventuell findet sich ein Schuldiger, ein widerlicher Umstand, eine passende Entschuldigung. Wenn nicht, ist das Repertoire tschechischer Ausreden eindrucksvoll. - Und tschechische Manager dürfen schon überhaupt keine Fehler begehen.

Der Umgang mit *Kritik* ist somit schon ein erster, neuralgischer Punkt:

- Etwas auszubessern, an „verdächtigen" Punkten nachzubohren, wirkt bereits als Kritik. Schon klare, eindeutige, direkte Fragen sind ungewohnt und lösen meist (ängstlichen) Rückzug aus.

- Das Aufzeigen von Fehlern verletzt und entmutigt.

- Man will kein negatives Feedback hören.

- Für einen (offensichtlichen) Fehler entschuldigt man sich tendenziell nicht. Außerdem wird man vor anderen eher nicht zugegeben, etwas nicht zu wissen.

- „Ausreden", Ausflüchte, Schuldverschiebungen (auf andere Beteiligte, auf Dolmetscher) aller Art werden gesucht, gefunden und präsentiert. - Eine humorvolle Ausrede freilich kann die Atmosphäre entspannen, wenn man gemeinsam drüber lachen kann.

- „Quatschen ist beliebt" sagen Tschechen, wenn sie das Phänomen beschreiben, daß mit ausführlichen Diskussionen eher weniger relevanter Aspekte eines Problems vor allem ein Ablenkungsmanöver von eigenen Fehlern und Schwächen versucht wird. Es geht hier mit ziemlicher Garantie nicht um die tatsächliche Analyse von Komplikationen.

- Man läßt sich auch nicht beraten.

<u>Selbstbehauptung</u>

Aber auch das klare Eintreten für eigene Interessen ist nicht üblich. Schon die eigene Unzufriedenheit offen zu präsentieren, zu erklären und zu begründen, wird als sehr unangenehm erlebt und daher vermieden. Vom mehr oder minder zähen Aushandeln einer gangbaren, einigermaßen zufriedenstellenden Lösung ganz zu schweigen. Tschechen argumentieren nicht lange, sie kämpfen nicht lange. Sie gehen, sie vertagen, sie schicken ein Fax, sie wechseln das Thema oder sie finden den dritten Weg. Im schlimmeren Fall kündigen sie oder beenden die Zusammenarbeit - nicht selten in deutscher Wahrnehmung ohne Warnung.

Tschechen sagen nicht Nein. Einen Vorschlag lehnen sie nicht rundheraus ab. Man sagt Ja und sieht halt dann, was man machen kann. Eine Forderung, der man nichts abgewinnen kann, nimmt man zunächst einmal hin und zeigt dann durch Kontextsignale seine Einstellung dazu. Ein Interviewpartner formulierte das so: „Ich sage nicht Nein, ich mache Nein." Und andere nennen das „den Mantel überzuziehen", d.h. die eigene Meinung (offiziell) den Umständen anzupassen.

Wenn Tschechen überhaupt Kritik äußern, dann nach wesentlich längerer Zeit sowie nicht so präzise und nicht so offen wie Deutsche das tun.

Probleme lösen

Eine objektive, sachbezogene Analyse von Problemen und Konfliktursachen ist nicht üblich. Eine Analyse wird nicht als 'konstruktiv' aufgefaßt, um die Sache zu verbessern und voran zu bringen, sondern als versteckte Kritik an den beteiligten Personen.

Es überwiegt bei Problemen daher eher das Gefühl. Und das ist Enttäuschung oder Resignation. Und dann wirft man die Flinte leicht ins Korn.

Besteht ein Vertrauensverhältnis, dann ist der positivste Fall der, daß Tschechen sofort auf eine mögliche Handlung, die sie der peinlichen Analyse entfliehen läßt, ausweichen: Sie machen einen Vorschlag, was man tun könnte oder versuchen ihren Partner zu überreden, ihr Handeln doch zu akzeptieren.

Vor- und Nachteile:

Daß sie nicht konfliktfähiger sind, finden viele Tschechen selbst als einen Nachteil. Denn damit kann vieles nicht geklärt werden und an manchen Stellen kann nicht die beste Lösung gefunden werden. Der Vorteil, daß die unangenehme Situation der Auseinandersetzung verhindert werden kann und die damit verbundenen schlechten Gefühle ebenso, hat dennoch seinerseits wiederum den Preis, daß die objektiv schwierige und konfliktträchtige Situation bleibt und nicht aufgelöst wird. Überraschend viele Tschechen sagten, daß sie insofern der deutschen konfrontativen Direktheit etwas Positives abgewinnen können, weil damit Probleme konstruktiv, d.h. Lösungen findend, bearbeitet werden können. Es bleibt ihnen unangenehm, aber sie finden es „aufrichtiger".

2.7.2. Der (west)deutsche Kulturstandard „ Konfliktkonfrontation"

Wie soeben erwähnt, gehen Deutsche dagegen im Einklang mit ihrem direkten Kommunikationsstil die Dinge geradezu „frontal" an.

Darstellung:

Selbstbehauptung

Deutsche sind aus tschechischer Sicht nicht von Konfliktscheu heimgesucht:

- Sie sagen es, wenn sie etwas nicht machen wollen oder können; sie benutzen ein klares Nein.

- Ebenso widersprechen sie klar, wenn sie anderer Meinung sind. - Oft sind sie im Widersprechen schneller als im gründlichen Zuhören.

- Deutsche äußern vielfach auch ihren Chefs gegenüber Beschwerden und Unzufriedenheiten explizit. Sie nennen die Dinge, die ihnen nicht gefallen, beim Namen, sie drohen vielleicht mit der Kündigung und versuchen ihre Verhandlungsposition zu stärken.

- Deutsche Diskussionen wirken und sind oft ziemlich aggressiv, hart und konfrontativ. Wenn einer von einer Sache nichts hält, Fehler oder Probleme sieht, dann sagt er das ziemlich ungeschminkt. Die Dinge werden „ausgefochten", d.h. jeder bezieht klar Stellung, und die Kontrahenden „halten dagegen", d.h. sie verfechten ihre Position. Dieser Stil wird als sachdienlich betrachtet, denn er gewährleistet, daß vermutlich alle wesentlichen Aspekte auf den Tisch kommen und damit eine gute Lösung gefunden werden kann. - Grundsätzlich gilt dabei: Jeder kann, darf und soll seine Meinung sagen. Die Frage, inwieweit diese Meinung dann tatsächlich etwas beeinflussen kann, bleibt freilich offen. Es hängt vom Kontext, von den Personen und der Stärke der Argumente ab.

<u>Umgang mit Kritik</u>

Deutsche kommandieren, kontrollieren, kritisieren sagen die Tschechen. Und auch an der Kritik stößt sich so manche tschechische Seele. Das Kritikverhalten Deutscher ist nämlich, wie inzwischen hinlänglich klar geworden sein dürfte, vorrangig an der Sache ausgerichtet (vgl. Sachorientierung). Kritik sehen Deutsche unter sachlichen Aspekten: Sie sind überzeugt, daß sie lediglich eine Verfehlung kritisieren, aber nicht die Person, die diesen Fehler begangen hat. Eine Rücksichtnahme auf soziale Faktoren (wie persönliche Empfindsamkeiten, Alter, Geschlecht oder darauf, ob jemand an einer Rückmeldung interessiert ist) erscheint aus dieser Perspektive geradezu als unwichtig. Daher sagen sie ihre Kritik relativ offen und aufrichtig. Sie sprechen an, was ihnen nicht gefällt, womit sie unzufrieden sind und legen den Finger direkt in die Wunde. Sie sagen dabei in ihrer Wahrnehmung nur: „Du hast etwas falsch gemacht" und kritisieren damit eine Tat, aber sie sagen und meinen nicht: „Du bist blöd", was eine (zugegebenermaßen ziemlich massive) Kritik an der Person wäre.

Probleme lösen

Deutsche sind davon überzeugt, daß ein solcher Umgang mit Kritik konstruktiv ist, denn sie glauben fest daran, daß nur durch eine klare Problemanalyse und ein gnadenloses Ansprechen von Schwachstellen eine Optimierung möglich ist: Erst wenn die Probleme erkannt sind, kann man an eine Fehlerbehebung gehen. Das bedeutet:

1. Wenn zu erwarten ist, daß etwas nicht klappt - daß beispielsweise eine Vereinbarung oder ein Termin nicht eingehalten werden kann -, dann erwarten Deutsche, daß der dafür Verantwortliche das von sich aus sagt und ankündigt (vgl. regelorientierte Kontrolle). Das mag einen Konflikt heraufbeschwören. Doch dieser wird als konstruktiv betrachtet, weil er im Dienste der gemeinsamen Sache steht. Der Konflikt, der sich zusammenbraut, wenn nichts gesagt wird, kann dagegen wirkliches Unheil anrichten.

2. Fehlern muß genau auf den Grund gegangen werden: Aufgrund der klaren Kompetenzen und Normen wird zunächst einmal geprüft, woran der Fehler lag und wer ihn verursacht hat. Probleme werden in ihren sachlichen Aspekten erfaßt, analysiert und (aus)diskutiert. Dazu wird solange nachgebohrt, nachgefragt, nachgehakt, bis das, was man wissen muß, auf dem Tisch liegt. Daß das für die Betroffenen unangenehm sein kann, wird zugunsten der Sache in Kauf genommen. Wenn in diesem Prozeß Fehler selbstkritisch eingestanden werden können, dann gilt das als Beitrag zu einer optimalen, schnellen und kostengünstigen Fehlerbeseitigung, weil nicht erst Vertuschtes aufgespürt werden muß. Eine solche Person zudem wird als besonders im Dienste der Sache stehend gesehen, weil sie zugunsten der Sache auf Gesichtswahrung verzichtet (vgl. internalisierte Kontrolle).

3. Dann muß der Fehler so gut wie möglich ausgebessert und

4. schließlich muß durch die Initiierung entsprechender Maßnahmen ein solcher Fehler künftig verhindert werden.

In vielen Teamsitzungen geht es vornehmlich um derartige Analysen und Abhilfemöglichkeiten. Kollegen besprechen bereits auch dann berufliche Probleme, wenn sie sich nicht gut kennen, wenn kaum eine Beziehungsbasis besteht. Das ist ein Zeichen von Professionalität.

Vor- und Nachteile:

Die Vorteile dieses Musters liegen auf der Hand: So kann die Sache zielorientiert optimiert werden. Der Preis dafür heißt: Es wird kaum Rücksicht auf die Gefühle der Beteiligten genommen - aber man bewegt sich ja ohnehin im Persönlichkeitsbereich „Rationalität".

2.7.3. Die Dynamik des Kulturstandardpaars „Konfliktvermeidung - Konfliktkonfrontation

Auch bei diesem Kulturstandard weisen Deutsche wieder explizit darauf hin, daß dieses Bild von ihnen Idealisierungen aufweist und es sehr wohl Situationen der Konfliktvermeidung gibt:

- Deutsche teilen zwar Kritik aus, sind aber selbst auch empfindlich, d.h. verletzt, wenn sie sie bekommen - trotz ihres Anspruchs an sich selbst, die Gefühle „wegzustecken".

- Natürlich gibt es seitens der Mitarbeiter auch übertriebenen oder vorauseilenden Gehorsam, Schleimerei, das Bemühen, ja nicht aufzufallen... - Zumal in Zeiten der Angst vor Arbeitsplatzverlust.

Nicht hinter jedem Konflikt steckt das dem Kulturstandard zugrundeliegende, (in deutschen Augen) ehrenhafte Motiv, der Sache zu dienen:

- Manche Konflikte werden nicht gelöst, sondern als mehr oder weniger ausgeprägte „Grabenkriege" permanent weitergefochten.

- Deutsche wissen sehr wohl zwischen einer konstruktiven und einer vernichtenden Kritik zu unterscheiden. Denn beides kommt vor. Eine konstruktive Kritik bezieht sich auf die Sache und ist bemüht, die Person nicht zu verletzen. Eine vernichtende Kritik will die Person wirklich treffen. Während es im ersten Fall tatsächlich um die Sache geht, steckt im zweiten Fall eine andere Absicht dahinter, z.B. ein tobender Machtkampf.

- Es gibt auch als Besprechung angekündigte, reine Pro-forma-Veranstaltungen, in denen der Chef genau weiß, wie er etwas haben möchte und die Sache nur noch zum Schein mit den Mitarbeitern bespricht. Er will (pflichtgemäß) seine partizipative Rolle spielen, ist aber eigentlich nicht bereit, sich wirklich auf sie einzulassen Eigentlich sollten sie ihm zustimmen, Ja sagen und seine Idee gut finden. Das ist eine Schein-Demokratie, das empfinden auch alle Deutschen so. Diese Besprechungen können konfrontativ werden oder auch nur abgesessen werden, je nach Streitlust der Mitarbeiter.

Auch Tschechen pendeln und können konfrontativ werden. Das bedeutet dann aber oft nichts Gutes. Reagiert nämlich ein Tscheche direkt und läßt sich auf eine Frage-Antwort-Auseinandersetzung ein, dann ist das ein ziemlich sicheres Zeichen, daß er wirklich „böse" ist und dem eingangs beschriebenen Stadium der Explosion sehr nahe ist.

Eine professionelle Zusammenarbeit geht nicht ohne Konflikte ab. Die Frage ist daher, wie können Deutsche mit Konflikten so umgehen, daß sie dabei möglichst wenig tschechisches Porzellan zerbrechen. Und die Beantwortung dieser Frage hängt sehr von den Hintergründen ab, weswegen sich Tschechen so konfliktvermeidend verhalten.

Die bedeutsamste Ursache ist Angst:

- Die Angst vor Sanktionen, d. h. vor Geschrei, Vorwürfen, Kündigung, Gehaltskürzung... ist verbreitet. Das ist nicht ganz aus der Luft gegriffen, denn in der gesamten tschechischen Erziehung überwiegen die Sanktionen.

- Aufgrund der Angst hat man keinen Mut zu diskutieren, nachzufragen, Fehler zuzugeben.

- Es herrscht eine große Angst, zu verletzen, zu kränken, zu beleidigen und verletzt, gekränkt, beleidigt zu werden - mit einem Wort die Beziehungsebene und das beidseitige Wohlbefinden zu zerstören. Man möchte keine unangenehmen Situationen durchstehen müssen, man möchte ein gutes Verhältnis.

Ein andere Ursache ist Unsicherheit: Man ist sich nicht ganz sicher, ob das, was von der deutschen Seite verlangt und gewollt wird, nicht tatsächlich gut und richtig ist. Also ficht man nicht wirklich für seinen Standpunkt, sondern wartet zunächst einmal die weitere Entwicklung ab.

Eine dritte Ursache ist die Diffusion von „rational und emotional": Konflikte werden immer personifiziert. Sie bleiben nicht auf einer sachlichen Ebene, sondern werden auf die persönliche Ebene übertragen und betreffen daher stets die gesamte Person. Ein Tscheche hört nicht „Das war schlecht von Ihnen", sondern „Sie sind schlecht." Aus sachlichen Argumenten können somit flugs persönlich beleidigende Äußerungen werden.

Und eine weitere Ursache ist schlicht das Bedürfnis nach Wohlbefinden: Man hat die Hoffnung, daß sich die Situation noch ändert, daß der Partner seine Meinung noch ändert, daß man sich den Streit sparen kann. Damit löst sich der Konflikt von selbst und man kann sich jetzt Stress sparen.

Empfehlungen an Deutsche, die mit Tschechen zusammenarbeiten

Das bedeutet für Ihr Handeln:

1. Seien Sie sich grundsätzlich der Tatsache bewußt, daß eine Problembesprechung überhaupt nur bei gesicherten, intakten Beziehungen funktionieren kann. („Problem" ist in tschechischen Augen gleichbedeutend mit „Konflikt"!)

2. Sprechen Sie einen Konflikt nur an, wenn er wirklich wichtig ist. Der Normalfall heißt nämlich: Störungen glattbügeln, sodaß sie die Beziehungsebene nicht mehr beeinträchtigen. Wird etwas unnötigerweise expliziert, dann kann das zu einer Verschlimmerung der Situation führen.

3. Beachten Sie das, was Sie als Feedbackregeln gelernt haben: Ich-Form; eigene Betroffenheit ausdrücken; die Handlung des Partners nicht bewerten usw..

4. Gehen Sie auf der Beziehungsebene mit Kritik behutsamer um, nehmen Sie auf die Gefühle Ihres tschechischen Mitarbeiters Rücksicht. Konstruktive Konfliktgespräche sind nur dann zu führen, wenn die Beziehungsebene gesichert ist, eine angstfreie Atmosphäre hergestellt werden kann, die zu Stellungnahmen ermutigt (unter vier Augen, informelle Ebene!), und der Person deutlich Wertschätzung entgegengebracht wird. Eine sozial verträgliche Dosierung (nicht alles auf einmal!) ist das Heftpflaster für den Wunsch nach weitgehendem Wohlbefinden.

5. Reagieren Sie auf Fehler der Tschechen mit einer inneren Grundeinstellung, die besagt: Ein Fehler ist nichts Schlimmes. Wir sind dazu da, Fehler zu machen und sie als Chance zu sehen. Diese innere Haltung läßt sie so reagieren, daß die Angst der Tschechen nach und nach kleiner wird.

6. Kritisieren Sie inhaltlich mit Sametpfötchen: An der Stelle war etwas gut, an der Stelle könnte man es auch so machen... Und dann erklären Sie, warum, wieso, weshalb. Bemühen Sie sich, ausschließlich die Sachebene anzusprechen, keine Bloßstellung, keinen Vorwurf, keine Schuldzuweisung zu äußern. Optimale Formulierungen gehen in folgende Richtung: „Ich habe noch ein paar Hinweise. XXX können wir verbessern. Sie bewältigen das sicher."

7. Müssen Sie an tschechischen Vorschlägen Änderungen vornehmen, dann tun Sie das gesichtswahrend: Nicht pauschal abqualifizieren, sondern Brauchbares aufgreifen, verstärken. Nur Korrekturen einbringen, ein paar zusätzliche Gesichtspunkte ergänzen usw., aber den tschechischen Vorschlag als Grundlage nehmend.

8. Bemühen Sie sich die Kritik der tschechischen Seite an Ihnen (Angriffe, Andeutungen) in der Situation wegstecken und darauf nicht aggressiv zu reagieren! Zurückhaltung ist angesagt und natürlich ein Zugeben der Fehler, die wirklich auf Ihrer Seite liegen.

9. Wenn es Ihnen möglich ist, reagieren Sie auf eine Ausrede der tschechischen Seite mit einer humorvollen Bemerkung, die zeigt, daß sie verstanden haben - die Peinlichkeit für die Person sowie den eigentlichen Sachverhalt.

10. Wenn Sie die tatsächliche Meinung Ihrer tschechischen Kollegen oder Mitarbeiter zu einem Konfliktpunkt erfahren wollen, dann müssen Sie sich oft mühsam an die Zusammensetzung des Puzzles machen: Viele Leute in möglichst angenehmen Settings fragen und sich dann Stück für Stück auf die explizit geäußerten Worte und im Kontext erfühlten Signale einen Reim machen.

11. Wenn Sie ein cholerischer Typ sind, warnen Sie Ihre tschechischen Kollegen vor: „Heute ‚rauche' ich wieder". Das läßt Sie nicht als Diktator erscheinen, sondern als Mensch mit einer Schwäche. Darauf kann man sich einstellen, damit kann man umgehen.

12. Um Ihre Kritik vom Verdacht der Willkür zu befreien, hilft es auch, verursachte Schäden aufzuzeigen, verursachte Kosten zu benennen, den Kunden persönlich einmal zu Wort kommen zu lassen - entweder in Form des Reklamationsschreibens oder als persönlichen Besuch. Das kann durchaus auf kollegiale Art (ohne Vorwürfe) erfolgen. „Schauen Sie, was Sie bewirkt haben...".

13. Konflikte muß die deutsche Seite ansprechen, die Tschechen tun das nicht. Wenn Sie nun einfühlsam, offen, vorsichtig und um eine gute Beziehung bemüht agieren, dann sind solche Gespräche möglich. - Bereits bei Unklarheiten, sich anbahnenden Konflikten, spürbaren Spannungen gilt: nachfragen, reden, ansprechen. Konfliktvermeidung heißt bei intakten Beziehungen oft: Wenn jemand den Anstoß gibt zu einem Gespräch, dann sage ich schon etwas, aber von mir aus sage ich nichts.

14. Bei Problembesprechungen aller Art müssen Sie Geduld aufbringen. Fragen Sie mehrfach nach, immer wieder, bei jedem Meeting. Nur dann kommen Tschechen aus ihrer Reserve.

Empfehlungen für Tschechen, die mit Deutschen arbeiten:

1. Haben Sie Mut! Getrauen Sie sich zu sagen, was Sie meinen. Versuchen Sie einfach, Ihren Standpunkt darzulegen und ihre Position deutlich zu machen - ruhig, aber nachhaltig. Vermeiden Sie dabei Aggressionen, sondern sagen Sie einfach, was Sie denken. Sie werden über die Wirkung überrascht sein: Einer, der für seine Sache und seine Anliegen eintritt, erhält Respekt! Ihn kann man nicht übergehen und überhören, sondern man muß und kann (!) sich mit ihm auseinandersetzen.

2. Glauben Sie uns, wenn Deutsche (auf sachliche Art) Kritik äußern und mit Ihnen Probleme besprechen, dann ist das ein Zeichen von Wertschätzung und Respekt. Denn Sie nehmen Sie als Partner ernst. Sie wollen mit ihren Kommentaren und Ergänzungen konstruktiv sein und mit Ihnen zusammen das Beste in einer Sache erreichen. Versuchen Sie einmal, Kritik und Problemgespräche unter diesem Aspekt zu sehen!

3. Es ist besser, über eine schlechte Situation rechtzeitig zu informieren und damit eine mögliche Katastrophe zu verhindern. Überwinden Sie die Peinlichkeit, die Ihnen das verursacht.

4. Versuchen Sie, so gut Sie können, die tatsächlichen Probleme auf den Tisch legen. Nur das ist für Deutsche eine Basis, um gemeinsam eine Lösung zu suchen. Und bemühen Sie sich dabei, die Störquellen einfach sachlich zu benennen.

5. Benutzen Sie keine Ausreden, sondern schlagen Sie erste Lösungen vor, um dem Deutschen den Wind aus den Segeln zu nehmen.

6. Üben Sie zu diskutieren, Einwände zu bringen, Erklärungen für Ihre Position zu bringen. Deutsche brauchen ein solches Gegengewicht, um Kompromisse zu erarbeiten.

7. Lassen Sie die Deutschen erleben, wenn und daß Sie Recht haben. Darauf dürfen Sie dann auch später nochmals hinweisen. So lernen Deutsche, Ihnen zuzuhören und Sie als Partner ernst zu nehmen.

2.8. Kulturstandardpaar: *schwankende Selbstsicherheit versus stabile Selbstsicherheit*

Zentrale Fragestellung:

Wie tritt jemand auf - selbstsicher oder nicht?

2.8.1. Der tschechische Kulturstandard „Schwankende Selbstsicherheit"

Definition:

Tschechen unterliegen in ihrer Selbstsicherheit mitunter größeren Schwankungen. Sie pendeln zwischen Bescheidenheit und Understatement einerseits und Selbstüberschätzung und Übertreibung andererseits. Manchmal erscheinen sie fast unterwürfig, um dann wieder zu glauben, sie seien um Längen besser und anderen klar überlegen. Das gilt sowohl interindividuell, d.h. manche Tschechen zeigen ein eher zu großes und andere ein eher zu geringes Selbstbewußtsein; das gilt aber auch intraindividuell, so daß ein- und dieselbe Person mal in die eine Richtung und mal in die andere Richtung tendiert.

Darstellung:

<u>Zu geringe Selbstsicherheit</u>

Für die Mehrheit der Nation ist ein gewisser Minderwertigkeitskomplex bzgl. der westlichen Welt vorherrschend: Alles Westliche hat ein hohes Image. Westliche Waren werden geschätzt, zu westlichen Fachleuten wird vielfach aufgeblickt, Reisen und Kontakte in den Westen gelten als attraktiv. Von daher verhält man sich gegenüber allen Westlern tendenziell „niederrangig", „demütig", manchmal „devot".

In vielen Dingen ist man sich tatsächlich unsicher und das schlägt auf das Verhalten durch:

- Man lernte z.B. nicht, eigene Qualitäten kundzutun, sich selbst darzustellen und sich zu „verkaufen". Somit können Präsentationen unsicher, bescheiden, zu zurückhaltend wirken.

- Tschechen tun sich nicht nur wegen der bereits beschriebenen Konfliktvermeidung schwer, ihre Meinung zu äußern oder anderen gegenüber genau nachzubohren. Oft sind sie schlicht nicht mutig und „frech" genug.

- Tschechen haben Angst, etwas falsch zu machen. Sie haben Angst, sich zu blamieren und „blöd" auszusehen. Auch das ist eine Wurzel für ihre Zurückhaltung mit Fragen: Lieber sage ich nichts als etwas Falsches.

Dazu kommt, daß ein (unreflektiertes) verbreitetes tschechisches Kommunikationsschema darin besteht, eine Art Understatement-Spiel zu treiben: Man sagt über sich nichts Gutes, sondern eventuell sogar im Gegenteil, etwas sehr Bescheidenes. Man wartet aber darauf, daß der Gesprächspartner dieses Spiel durchschaut, das Gute erkennt, dem Understatement widerspricht und, mehr noch, die Person sogar lobt. Deutsche tun das jedoch nie, sagen Tschechen. Sie korrigieren nicht nach oben. Und das führt laufend zu Kränkungen. Ein „anständiger", „wohlerzogener" Tscheche tritt überhaupt für deutschen Geschmack eher bescheiden, zurückhaltend, kumpelhaft auf. Man ist nicht assertiv oder gar aggressiv, sondern hört gut zu. Einem Tschechen soll man auch eher nicht anmerken, was er alles im Kopf hat - das wird als Zeichen von wahrer Bildung und Größe geschätzt. Überdies gehört es zur Höflichkeit, sich permanent zu entschuldigen für im Grunde unbedeutende, subperfekte Dinge des Alltags. - Und alle diese Verhaltensweisen gelten in einem fremden Land und gegenüber Fremden ganz besonders, weil sie unter Tschechen „Wohlerzogenheit" signalisieren und Sympathie hervorrufen. Und genau um diese Sympathie bemüht man sich ja auch mit Deutschen, für die diese Zeichen freilich nicht - zumindest nicht in diesem Maß - gelten.

Trotzdem besteht natürlich der Wunsch, auf absolut gleicher Ebene wahrgenommen und partnerschaftlich behandelt zu werden. Erfolgt dies nicht, weil Deutsche die genannten Signale im Sinne ihrer Explizitheit keinesfalls korrigierend interpretieren, sondern für bare Münze nehmen, kränken sie Tschechen. So werden rhetorische Floskeln, wie z.B. „Das ist schwer zu sagen...", von Deutschen nicht als solche identifiziert, sondern als Beleg für Unwissen genommen.

Dieses fein ausgeprägte Gespür für Ebenbürtigkeit und Gleichrangigkeit kann dazu führen, daß auch unabhängig von dem sog. Understatement-Spiel viele Handlungen

Deutscher das Gefühl der Erniedrigung auslösen: Bereits Erklärungen von Verfahren können da genügen. Sie stempeln schließlich den, dem erklärt wird, zum Dümmeren. Eine strukturierte, inhaltlich umfassend vorbereitete Präsentation wirkt „überrollend" und atemberaubend dominant. Auch als Hilfe apostrophierte Handlungen finden immer von oben nach unten statt. Und oft genügt allein die Tatsache, daß eine Firma in deutschem Besitz ist, um ein Gefühl der Benachteiligung auszulösen.

Grundsätzlich wirkt Schwäche auf Tschechen sympathisch. Dem Schwachen drückt man die Daumen, auf seiner Seite steht man. In den berühmten tschechischen Kindergeschichten ist darum auch der Schwache der Kluge und letztlich der Erfolgreiche.

Die Sprache spielt eine nicht zu vernachlässigende Rolle. Die Tatsache, daß Deutsche nur in Ausnahmefällen Tschechisch sprechen, sodaß die Kommunikation normalerweise in Deutsch stattfindet, führt in jeder Begegnung zu einem Ungleichgewicht und zu Gefühlen der Unvollkommenheit auf seiten der Tschechen. In der Muttersprache hat man automatisch eine bessere Position - aber das ist die Situation der Deutschen. Sprache ist aus diesem Grund ein enormes Machtmittel.

- In der Fremdsprache zu sprechen, dabei seine Fehler zu bemerken, sich nicht so gewandt ausdrücken zu können, wie man möchte, zu merken, nicht exakt verstanden worden zu sein - das drückt auf das Selbstbewußtsein.

- Wenn Sprache innerhalb deutscher Firmen und deutsch-tschechischer Joint Ventures dann auch noch als Selektionskriterium für die tschechischen(!) Mitarbeiter benutzt wird, mit wem ein Deutscher zusammenarbeiten kann und will, entstehen Situationen, in denen ein fachlich besserer hinter einem sprachlich besseren Kollegen zurückstecken muß. Viele Tschechen werden deshalb schmerzlich unterschätzt.

- Eine Steigerung besteht darin, wenn ungehobelte und unhöfliche Deutsche dann auch noch beginnen, über sprachliche Fehler zu lachen und sich lustig zu machen. Das ist selten der Fall, aber eben doch unvergeßlich.

Der Transformationsprozeß tut sein Übriges: Stets fühlt man sich von den Deutschen einerseits unterschätzt und zu wenig anerkannt für die tschechischen Leistungen, hat aber andererseits auch Sorge, wirklich nicht genug gewappnet zu sein für die neue Zeit. Denn der Transformationsprozeß birgt ja tatsächlich eine Menge Zündstoff und

Kränkungsmöglichkeiten in sich, weil eben faktisch das System der Tschechen geändert wird, nicht das westdeutsche.

Übersteigerte Selbstsicherheit

Tschechen auf prestigeträchtigen Positionen werden zu einem ansehnlichen Teil als das glatte Gegenteil geschildert. Sie scheinen teilweise ihre Macht ungehemmt auszuleben und andere spüren zu lassen - Tschechen wie Deutsche. In einigen deutschen Firmen äußern sie mitunter Forderungen, z.B. Gehaltsforderungen oder Forderungen nach Statussymbolen, die der Relation zur Leistung, zu analogen Positionen in Deutschland oder zur Größe der Firma in Tschechien nicht entsprechen, sondern als „überzogen" beurteilt werden müssen. Auf derselben Linie liegen auch Verhaltensweisen dieses Personenkreises, die von (anderen) Tschechen wie von Deutschen als Angeberei erlebt werden. Es scheint manchmal so, als wäre eine Firma nur dann viel wert, wenn sie Statussymbole bereitstellt und viel in Repräsentation investiert.

Deutschen gegenüber scheint manchen Tschechen Anerkennung oder gar Dank unbekannt zu sein. Sie tun so, als ob eine außerplanmäßige Gewährung von Sonderleistungen, eine wohlwollende, extra bewirkte Gehaltserhöhung oder persönliches Entgegenkommen in der einen oder anderen Sache selbstverständlich wäre. Es scheint bei ihnen das Gefühl vorzuherrschen, daß ihnen das, was sie da bekommen haben, quasi zusteht. - Und manche Deutsche haben das Gefühl, mit einem anderen Maßstab gemessen zu werden, denn sie zahlen andere Preise oder erfahren eine diskriminierende, unfreundliche Behandlung dann, wenn sie sich in einer normalen und keiner machtvollen Position befinden.

Manche zeigen eine derartige Sturheit im Verfolgen der eigenen Meinung, daß das nicht mehr nur mit Reaktanz zu erklären ist, sondern auch für tschechischen Geschmack die Grenze zur Arroganz überschreitet.

Einige Zielvorgaben, die sich Tschechen setzen - z.B. die ISO-Zertifizierung oder das Anstreben besonders attraktiver Kooperationen -, sowie die Vorstellungen über manche betriebliche Möglichkeiten halten Deutsche aufgrund ihrer Erfahrung für gänzlich unrealistisch.

Im Transformationsprozeß erleben sich etliche Tschechen als die „Amerikaner Europas", die sich hocharbeiten und viele (alle?) andere europäische Länder überflügeln werden.

Um nicht mißverstanden zu werden: Es ist gar keine Frage, daß es vieles gibt, was Tschechen auch in deutschen Augen absolut mit Recht stolz sein läßt. Was Deutsche irritiert, ist das Ausschlagen des Pendels in Extreme bzw. das Hin- und Herpendeln, das eben auch beobachtet werden kann.

Vieles im Verhalten der Tschechen hat sicherlich in der deutsch-tschechischen Begegnung seine ganz eigene Note und nimmt sich gegenüber anderen Kulturen völlig anders aus. So ist z.B. das Gefühl verbreitet, daß Tschechen „per Geburt" klüger und schlauer sind als Deutsche. Sie fühlen sich an Pfiffigkeit, Bildung und Intelligenz überlegen (vgl. Abwertung von Strukturen). Viele halten Deutsche für ziemlich einfältig, weil sie sich an ihre Strukturen halten - doch das würden sie ihnen normalerweise nicht sagen. Das tschechische So-tun-als-ob erlaubt es, im Inneren und für sich sein Selbstbewußtsein und seinen Stolz wahren zu können. Für viele ist es denn auch reine und ungetrübte Schadenfreude, Deutschen Fehler aufzuzeigen und nachzuweisen. Gerade gegenüber Deutschen ist man bestrebt, seine Angelegenheiten selbständig und ohne fremde Hilfe zu lösen und den Deutschen somit zu beweisen, daß man das alles schafft (vgl. Abwertung von Strukturen). Deutschen gegenüber will man sich nicht beschweren und von ihnen will man sich nicht beraten lassen. Deutschen will man zeigen, wo man nur kann, daß man besser ist als sie.

Mancher Widerstand gegen deutsche Vorgaben dient nur der Demonstration des eigenen Willens und der eigenen Stärke. So kann schon einmal ein tschechischer Chef seinen Mitarbeitern geschickt vorspielen - der Wahrheitsgehalt sei dahingestellt -, wie Deutsche die Tschechen knebeln und wie er sich dagegen zu wehren versteht.

Vor- und Nachteile:

Der Nachteil dieses Verhaltens liegt - gerade was den Kontakt mit Deutschen betrifft - darin, daß die Tschechen es damit den Deutschen schwer machen, sie als gleichwertige und gleichrangige Partner zu erleben und als solche dann auch zu behandeln:

- Tschechen laufen, wenn sie zu bescheiden auftreten, Gefahr, von Deutschen als „schwach" oder „inkompetent" gesehen und unterschätzt zu werden. Im noch schlimmeren Fall wird ihnen ein „falsches Spiel" unterstellt. Wenn die Deutschen freilich auf die „Underdog-Attitüde" reagieren, begeben sie sich damit automatisch wieder in die stärkere Position und wirken garantiert beleidigend. Tun sie es nicht, gelten sie schnell als verständnislos und zu fordernd.

- Fühlen sich Deutsche in einen Machtkampf verwickelt, in dem ihnen tschechische Stärke vor Augen geführt werden soll, dann ist auch die Ebene der Ebenbürtigkeit verlassen und Deutsche kämpfen ihrerseits - je nach Situation - vielleicht um ihre Position, vielleicht um die Effizienz in der Sache (an der sie beruflich schließlich gemessen werden.)

2.8.2. Der (west)deutsche Kulturstandard „Stabile Selbstsicherheit"

Definition:

Tschechen charakterisieren Deutsche stets als betont selbstsicher. In einer weniger schmeichelhaften Formulierung nennen sie sie arrogant. Was verbirgt sich dahinter? Wenn wir Deutsche mit den Geschichten konfrontierten, die die Tschechen als Beispiele der Arroganz interpretierten, dann nannten Deutsche folgende Gründe für ihr Tun: Leistungsbewußtsein, Professionalismus, Kompetenz, Glaubwürdigkeit sowie Streben nach Akzeptanz, Ansehen, Anerkennung und Karriere. Und das sind für sie im Berufsleben alles positiv besetzte Begriffe.

Darstellung:

Der Ausgangspunkt ist vielfach der, daß Deutsche gerne den Eindruck erwecken, von einer Sache etwas zu verstehen und in einem/ihrem Gebiet Experten zu sein (vgl. Sachorientierung). Und nun kommen Typiken, die wir bereits von der Beschreibung des typisch deutschen Kommunikationsstils kennen:

- Deutsche sagen ihre Meinung, klar und deutlich (vgl. schwacher Kontext) - ob gefragt oder nicht.

- Sie scheuen sich nicht, anderen zu widersprechen, sie auf (vermeintliche) Fehler hinzuweisen, sie zu korrigieren, Kommentare abzugeben und sich auf Streitgespräche einzulassen (vgl. Konfliktkonfrontation).

- Sie reden im Brustton der Überzeugung (vgl. regelorientierte Kontrolle).

Aber entscheidend ist nun, wie Deutsche ihre Aussagen vortragen - oft strukturiert vorbereitet, stets unüberhörbar und sicher.

- Das, was sie sagen, unterstreichen sie nonverbal mit Signalen, die als „angstfrei", „souverän" oder „stark" interpretiert werden können. Sie reden scheinbar von Zweifeln unangefochten.

- Sie „predigen" geradezu ihre Meinung, ihre Strategie, die Verfahren in ihrem Unternehmen und wollen offenbar nun andere überzeugen.

- Sie halten am eigenen Standpunkt und an den eigenen, einmal erlernten Kenntnissen lange fest und zeigen wenig Offenheit und Toleranz für andere Ansichten. Sie hören nicht aufmerksam und interessiert zu und scheinen, neues, anderes oder zusätzliches gar nicht wissen zu wollen.

- Der deutsche Tonfall ist generell etwas lauter als der tschechische, die Sprache härter. Auch das wirkt (unangenehm) selbstsicher.

Ein weiterer Aspekt der Selbstsicherheit liegt darin, daß Deutsche es gewohnt sind, ein gewisses Marketing für sich selbst, ihre Firma, ihre Vorhaben, ihre Erfolge usw. zu betreiben. - Schließlich muß man sich von der Konkurrenz abheben. - Das geht über die Berufsgruppen, beispielsweise Verkäufer, für die es zweifellos elementar wichtig ist, sicher zu wirken, weil niemand an seinem Produkt zweifeln darf, weit hinaus. Selbstdarstellung und -präsentation ist immer ein wichtiges Thema, wie auch die Präsentation von Produkten. Firmengebäude haben ebenfalls repräsentativ zu sein und für Besucher wird auf den optischen Eindruck eines Büros Wert gelegt. Deutsche haben dabei das Gefühl, daß es völlig in Ordnung ist, das zu zeigen, was man ist und was man kann. So machen Deutsche in tschechischen Augen dauernd und für alles, sogar zur rein firmeninternen Kommunikation, Präsentationen. Ihren geübteren Stil, dabei das Publikum anzusehen, nicht zu murmeln und fließend zu sprechen, weil sie die Sache im Kopf haben, finden sie gut. Mit der allgegenwärtigen Selbstdarstellung wird auch die Konkurrenz unter Deutschen offener ausgetragen. Gerade nach oben hin ist jeder um eine möglichst positive Selbstdarstellung bemüht. Ein wirksames Mittel ist, sich als jemanden auszuweisen, der in vorbildlicher Weise die Vorgaben, Erwartungen und Regeln erfüllt.

Vor- und Nachteile:

Die deutsche Art, beruflich selbstsicher aufzutreten, wirkt beeindruckend und durchaus professionell. Zur Umsetzung dieses Beeindrucktseins in tatsächliches, motiviertes Handeln bedarf es dann für die Tschechen aber noch vieler zusätzlicher und manchmal geradezu gegensätzlicher Elemente - das wissen wir inzwischen nach der Lektüre dieses Buches.

Selbstsicherheit - und das ist ein bedeutsamer Nachteil - wirkt auf Tschechen eben nicht unbedingt sympathiefördernd, sondern manchmal als Anlaß zum Rückzug, manchmal als Aufforderung zum Kräftemessen. In beiden Fällen kann so ein für tschechischen Geschmack zu forsches Auftreten die Kooperationsbasis zerstören.

2.8.3. Die Dynamik des Kulturstandardpaars „schwankende - stabile Selbstsicherheit"

Ein Grund für die überwiegend geringere Selbstsicherheit liegt darin, daß Tschechen stets als ganze Person agieren, also fast nie nur in der Rolle. Dieser Aspekt ist ein wesentlicher Anstoß zum Pendeln zwischen geringer und hoher Selbstsicherheit, denn Tschechen müssen sich bei einem neuen Kontakt erst ihre Position gegenüber dem Partner erobern, da die Rolle alleine dafür nicht ausreicht. Zudem sind sie sich immer und überall ihrer Stärken und Schwächen mehr bewußt und fühlen sich der Gefahr ausgesetzt, daß die Schwächen zum Vorschein kommen könnten. Somit treten Sie zunächst scheuer, schüchterner, zurückhaltender auf, um sich keine Chance zu verwirken. Die möglicherweise übersteigerte Selbstsicherheit kann dann eintreten, wenn sich jemand in seiner Rolle gerade mal unanfechtbar wähnt.

Aber: Nicht jede Zurückhaltung entspringt geringerer Selbstsicherheit. Oftmals warten Tschechen einfach eine Situation lieber ab. Ihre Devise ist es, besser „die Zunge hinter den Zähnen halten", d.h. zu schweigen, als eine Unannehmlichkeit inkauf zu nehmen (vgl. Konfliktvermeidung). Understatement oder Sich-dumm-Stellen kann durchaus auch mal Taktik sein, um sich Vorteile zu verschaffen.

Deutsche hegen etliche Zweifel an ihrer Selbstsicherheit, weil sie sie keineswegs für durchgängig halten: Ja, beruflich fühlen sie sich selbstsicher, wenn sie in ihrer Rolle agieren und sich in ihrem Fachgebiet wirklich als Experten fühlen, die wissen, wovon sie reden und weshalb sie Dinge genauso und nicht anders handhaben. Doch im Bereich der Beziehungen mit Tschechen sehen sie diesen Tatbestand nicht mehr unbedingt gegeben. Hier erleben sie sich - und zwar je sensibler, bemühter, korrekter umso mehr - von allerlei Unsicherheiten eingeholt. Denn die Geschichte lastet schwer auf ihnen. Ein positives Nationalbewußtsein existiert vor allem als Stolz auf die wirtschaftlichen Leistungen, aber keinesfalls als ungebrochene nationale Identität. Das geht so weit, daß es in gewisser Weise schon typisch deutsch ist, kein Deutscher sein zu wollen: Deutsch als wirtschaftliches Güte- und Qualitätssiegel ja, aber nicht als Beschreibung charakterlicher Attribute. Für viele Deutsche ist lediglich die regionale Identität positiv besetzt - ein Bayer, ein Hamburger, ein Kölner zu sein, das ist in Ordnung.

Weil das deutsche Verhältnis zur eigenen nationalen Identität von sehr komplizierter Natur und von vielen Konflikten geprägt ist, wählten wir auch den Begriff Selbstsicherheit zur Definition dessen, was im deutsch-tschechischen Kulturvergleich auffällt. Selbstbewußt sind Deutsche keinesfalls so eindeutig. Mancher Interviewpartner sagte denn, er würde sich im Kontakt mit Tschechen aufgrund des historischen Kontexts ganz besonders darum bemühen, korrekt, engagiert, zuverlässig und (auf deutsche Weise) nett zu sein. Er möchte bewußt ein positives Deutschenbild vorleben. - Und er tut es auf die Art, wie wir sie hier in diesem Buch beschreiben. Daß er damit alte tschechische Vorurteile ungewollt wiederbelebt, darin liegt eine gewisse deutsche Tragik.

Wir können somit mit Sicherheit sagen, daß Deutsche in ihrer Selbstsicherheit massiven Pendelbewegungen ausgesetzt sind. Doch solange ein Kontakt nur beruflicher Natur ist (Rolle), bleibt diese andere deutsche Seite an einer Person völlig unbekannt. Sie offenbart sich wegen der damit verbundenen intensiven Gefühle nur einem Freund.

Empfehlungen an Deutsche, die mit Tschechen arbeiten:

1. Nehmen Sie sich in Ihrem Auftreten (z.B. bei Präsentationen usw.) etwas zurück. Denken Sie immer daran: Schwäche wirkt sympathisch.

2. Vermitteln Sie nie das Gefühl, etwas besser zu können. Den größten Erfolg haben Sie, wenn Sie sich als ganz normalen Menschen definieren. Denn dann wird seitens der Tschechen die Zurückhaltung aufgegeben. - Wenn Sie tatsächlich einen Kenntnisvorsprung haben, dann wissen das ohnehin beide Seiten und es muß nicht zum Ausdruck gebracht werden. Das gilt sonst als Charakterschwäche: Ein intelligenter, gebildeter Mensch benimmt sich vorwiegend bescheiden.

3. Loben Sie auch bitte nicht zuviel. „Denkt der, er muß mich aufbauen?!?" könnte die Interpretation sein, die genau das Gegenteil Ihrer Absicht bewirkt.

4. Gehen Sie nicht davon aus, daß Sie am Auftreten eines tschechischen Kollegen erkennen können, was „er im Kopf hat". Bescheidenheit ist viel häufiger eine Zier als in Deutschland.

5. Entschuldigungsfloskeln sind kein Spiel, sondern Ausdruck tschechischer Höflichkeit.

6. Erwarten Sie keine Diskussion - sie kommt nicht von der tschechischen Seite. Denken Sie zunächst einmal selbst die tschechische Perspektive mit.

7. Und dann ermuntern sie Ihre tschechischen Kollegen immer wieder, sich zu äußern. Warten Sie in Teamgesprächen, bis sie etwas sagen. Legen Sie dabei die maximale Passivität an den Tag, zu der Sie in der Lage sind.

8. Unterstützen Sie einen tschechischen Kollegen, wenn er repräsentative Aufgaben übernehmen soll, aber davor sichtlich Angst hat. Besprechen und beraten Sie sich vorher mit ihm. Lassen Sie sich ihn langsam in der ersten Reihe eingewöhnen. Bestärken Sie ihn positiv und seien Sie ihm menschlich eine Stütze.

9. Es besteht viel Angst, etwas Falsches zu sagen. Haben Sie Geduld! Ermuntern Sie! Arbeiten sie positiv verstärkend! Wird Ihre Erwartung nicht (ganz) erfüllt, dann spielen Sie nicht „Erschießungskommando", sondern geben Sie Hilfestellung.

10. Packen Sie Ihre tschechischen Kollegen auch beim Stolz: Ihr könnt das! Zeigt es! - Und später zitieren Sie diese Erfolge und Ideen wieder...

11. Geben Sie es zu, wenn Sie sich geirrt, aber Ihr tschechischer Kollege Recht hatte. Seine eigenen Fehler, seine Vorurteile oder auch seine Arroganz einzugestehen, wirkt sympathisch.

12. Was die Sprache anbelangt, setzen Sie Dolmetscher ein. Pragmatisch gesehen zwingt Sie das zum Wesentlichen, läßt zumindest keine sprachlich verursachten Mißverständnisse aufkommen und die Tschechen können und werden nicht sagen, daß sie etwas nicht verstanden haben. Ideell ist damit Gleichheit und Fairneß hergestellt.

13. Lernen auch Sie Tschechisch und handeln Sie sich damit alle die Nachteile ein, die das Benutzen einer Fremdsprache mit sich bringt.

Empfehlungen für Tschechen, die mit Deutschen arbeiten:

1. Wenn Sie zu den Tschechen mit eher niedriger Selbstsicherheit gehören, legen Sie etwas Power - Nachdruck, Hartnäckigkeit, Ausdauer - zu. Das entspricht sicher den Tatsachen und wirkt auf Deutsche professionell. Haben Sie den Mut, zu Ihrem Können zu stehen! Wenn die Deutschen dann sehen, daß Sie Recht haben, dann werden sie Ihnen zunehmend mehr glauben und mehr vertrauen.

2. Nehmen Sie das Auftreten eines Deutschen keinesfalls persönlich gegen Sie gerichtet! Der Deutsche präsentiert sich lediglich selbst. Er tut das nicht gegen Sie, um Sie z.B. klein zu machen oder weil er Ihnen zeigen will, daß Sie blöd sind. Das ist überhaupt nicht seine Absicht, ja, auf diese Idee käme er nicht einmal! Er will nur sich und seine Sache in einem möglichst günstigen Licht darstellen!

3. Sehen Sie sich bitte ganz realistisch die Bedingungen an, unter denen Sie und Ihre Firma arbeiten, z.B. Kapital, Macht, Aktionärsstruktur. - Oft sind diese Faktoren derart dominant, daß es unzutreffend ist, konkreten deutschen Führungskräften Übles zu unterstellen, weil auch sie keinen Spielraum haben. Wirtschaftsphänomene sind nicht anti-tschechisch oder pro-deutsch, sondern haben ihre eigenen Gesetze.

4. Vorsicht mit empfindlichen historischen Themen, z.B. Okkupation, sudetendeutsche Frage! Diese sind mit Deutschen nur dann besprechbar, wenn schon eine nahe Beziehung (guter Bekannter) besteht. - Dann allerdings evtl. sogar gerne. - Sie können nie wissen, was in der Familiengeschichte Ihres deutschen Gegenübers passiert ist und welche Schuld- oder Opfergefühle Sie aufrühren.

Einige Hinweise (für Deutsche) zur Kommunikation mit Nicht-Muttersprachlern

Die tschechischen Kollegen unterhalten sich mit Ihnen auf deutsch. Da das aber nicht ihre Muttersprache ist, sind diese Gespräche mit Schwierigkeiten verbunden: Nicht alles wird verstanden, manches wird falsch verstanden, manches wird nicht auf Anhieb verstanden, das Gespräch ist (für beide) sehr anstrengend usw.. Die folgenden Hinweise sollen Ihnen helfen, den Kontakt mit Tschechen, die nicht fließend Deutsch sprechen, möglichst effektiv zu gestalten.

Verbales Verhalten:

- Sprechen Sie deutlich und langsam. Sprechen Sie jedes Wort klar verständlich aus.

- Verwenden Sie keine Redensarten.

- Wiederholen Sie eine wichtige Idee, indem Sie sie nochmals in anderen Worten ausdrücken.

- Benutzen Sie einfache Sätze. Vermeiden Sie lange Sätze und Nebensätze.

- Verwenden Sie aktive Verben („Wir schrauben zunächst das an...") und vermeiden Sie Passivkonstruktionen („Nachdem das angeschraubt wurde...").

Non-verbales Verhalten:

- Geben Sie visuelle Unterstützung und setzen Sie so viele Hilfsmittel wie möglich ein, z.B. Bilder, Grafiken, Skizzen, Tabellen usw..

- Unterstreichen Sie die Bedeutung von Begriffen oder Konzepten durch Körpersprache, Gesten und Bewegungen.

- Demonstrieren Sie soviel wie möglich durch Zeigen oder 'Vorspielen'.

- Machen Sie Sprechpausen. Unterbrechen Sie Ihren Redefluß häufig und geben Sie Zeit zum Verstehen des Gehörten. Außerdem besteht nur dann für Ihren Partner die Möglichkeit nachzufragen, weil er sich die deutsche Formulierung für seine Frage zurechtlegen kann.

- Machen Sie immer wieder Zusammenfassungen. Händigen Sie auch schriftliche Zusammenfassungen des mündlich Gesagten aus.

Interpretieren Sie folgende Phänomene richtig:

- *Schweigen*: Warten Sie, wenn der andere schweigt. Füllen Sie die Pause nicht sofort mit eigenem Reden. Lassen Sie dem anderen Zeit, zu verstehen, zu 'übersetzen' oder eine Aussage vorzubereiten.

- *Holprigkeit der Spache*: Sprachliche Fertigkeiten sind keineswegs mit Intelligenz gleichzusetzen. Grammatikfehler und schlechte Aussprache sind kein Hinweis auf mangelnde Fachkompetenz oder Intelligenz.

- *Unsicherheit*: Sobald Sie sich unsicher sind, ob Sie Ihr Partner verstanden hat, können Sie davon ausgehen, daß er höchstwahrscheinlich nicht verstanden hat, was gemeint war. Überprüfen Sie das Verständnis. Fragen Sie dabei nicht einfach, ob der andere verstanden hat oder nicht. (Er wird Ja sagen, denn er hat ja irgendetwas verstanden.) Fragen Sie besser, ob Sie sich klar ausgedrückt haben und bitten Sie Ihren Partner, in seinen Worten zu wiederholen, was er verstanden hat.

Wenn Sie etwas referieren oder präsentieren...

- Bauen Sie Unterbrechungen ein. Unterbrechen Sie die gesamte Besprechung oder Veranstaltung häufiger. Inhalte in einer Fremdsprache zu verstehen oder zu vermitteln, erfordert nämlich große Anstrengung.

- Teilen Sie das Material in kleine Einheiten auf.

- Planen Sie mehr Zeit ein - für jede Einheit.

Motivation:

- Ermutigen Sie Ihre Partner. Bestätigen Sie sie immer wieder.

- Motivieren Sie Anfänger in der Fremdsprache. Seien Sie geduldig und unterstützend und geben Sie sich Mühe, zu erkennen, was Ihr Partner ausdrücken will. Anerkennen Sie die Mühe und bringen Sie Ihren Partner nicht in Verlegenheit.

- Beziehen Sie passive oder stille Zuhörer bewußt in das Gespräch ein.

3. Der Transformationsprozeß von einem sozialistischen zu einem marktwirtschaftlichen System

Wir werden immer wieder gefragt, welchen Einfluß die jüngste sozialistische Vergangenheit auf die Ausprägung der tschechischen Kultur hat. Welche Typiken, wie wir sie bei den tschechischen Kulturstandards beschrieben haben, sind „tschechisch" und welche sind „Relikte des Sozialismus"? Andersherum müßte man die Frage genauso stellen: Welche Eigenarten der Deutschen sind nicht nur „deutsch", sondern ebenso systembedingt durch eine marktwirtschaftliche Ordnung? Diesen Fragen möchten wir nun soweit nachgehen, wie wir das aufgrund unseres Datenmaterials können.

Dabei sind uns folgende Feststellungen wichtig:

Gemäß unserer eingangs vorgestellten Kulturdefinition unterscheiden wir nicht die Elemente einer Kultur danach, in welcher Epoche der Geschichte eines Volkes sie sich entwickelt und ausgeprägt haben. Daher erhoben wir die Kulturstandards zunächst einmal genauso, wie das auch im Kulturvergleich anderer Länder gemacht wird, und legten den Schwerpunkt nicht auf den Transformationsprozeß.

Die Phänomene, die wir jetzt darstellen, sind Daten, die wir bei unseren Informanden zur Erklärung der Kritischen Ereignisse miterhoben haben, wenn wir sie fragten, inwiefern sie das geschilderte Verhalten typisch für den Transformationsprozeß bzw. typisch für ein marktwirtschaftliches Vorgehen halten. Methodisch gingen wir dabei so vor: (1) Wir befragten zunächst unsere Informanden. (2) In der Kategorisierung ihrer Aussagen lehnten wir uns weitgehend an Untersuchungsergebnisse früheren Datums an, die vor allem den westdeutsch-ostdeutschen Kulturvergleich zum Ziel hatten (Rieger, 1991; Schroll-Machl, 1996). Denn die dort definierten Kategorien müßten aufgrund des deutsch-deutschen Quasi-Experiments der Entwicklung zweier Systeme innerhalb einer bis 1945 bestehenden gemeinsamen Kultur ziemlich präzise die Faktoren benennen, die die Auswirkungen eben dieser Systeme hatten (zumindest für Deutsche). Wir übernehmen also zunächst das deutsch-deutsch gewonnene Kategoriensystem und ordneten ihm die Aussagen der tschechischen Interviewpartner zu, die diese darüber getroffen hatten, was sie als immer noch wirksame „Schatten des Sozialismus" interpretierten. (3) Erst dann modifizierten wir die Kategorien so, daß sie einen tschechischen Transformationsprozeß - keinen deutschen - schildern.

Wie wir bereits mehrfach betont haben, sind unsere Aussagen Typiken, die als

Tendenz, im Durchschnitt, als „Muster" zutreffen, aber keinesfalls das Verhalten aller Angehöriger einer Kultur in allen Situationen schildern. Sich dies zu vergegenwärtigen, ist ganz besonders wichtig bei dem, was wir jetzt als „transformationsspezifische System-Kulturstandards" schildern. Denn die Variation dessen, was als zulässiges Verhalten gilt, ist groß. Mancher ist in manchen Dingen noch sehr deutlich von sozialistischen Mustern geprägt und mancher hat in manchen Bereichen die angestammten Marktwirtschaftler bereits überholt. Der individuelle und gesellschaftliche Oszillationsprozeß - im Bild der Pole (vgl. Kapitel 1) gesprochen - ist in vollem Gange und das Spektrum des Oszillierens ist weit. Dennoch wollen wir die Muster beschreiben, die nahe am Sozialismus sind und die, die typisch für die Marktwirtschaft sind. Wir tun das ausschließlich im Einklang mit unserem Datenmaterial, das abstrahierte subjektive (keine volkswirtschaftlichen) Theorien wiedergibt.

3.1. Beschreibung der tschechischen transformationsspezifischen System-Kulturstandards

Die Eckpfeiler der Lebensbedingungen in den sozialistischen Staaten waren die zentralistische und totalitäre Machtausübung des Staates, die marxistisch-leninistische Ideologie, die Planwirtschaft und die rigide bürokratische Verwaltungsstruktur. Die Machtstruktur regierte mit Angstmechanismen und zwang zu (offizieller) Anpassung und zumindest zum Teil zu Unselbständigkeit. Die Postulate der Ideologie widersprachen der realen Alltagserfahrung. Der Plan regierte bis in den Alltag hinein, vielfach in Form einer Mangelwirtschaft und eines Anbietermarktes. Die Verwaltungsstruktur war umständlich und schwerfällig. Das prägte das Leben. Und weil Kultur immer als Anpassung an bestehende Verhältnisse entsteht und sich wandelt, hinterlassen diese Umstände ihre Spuren.

Welche Typiken sind es nun, die den tschechischen Transformationsprozeß kennzeichnen?

a. Konformismus gegenüber dem System und seinen Autoritäten

Das Handeln hatte sich im Sozialismus am System, an der Partei und ihren Normen zu orientieren. Das führte zu einem *„Systemkonformismus"*, d.h. zu tun, was verlangt wurde. Man mußte sich mit dem System arrangieren und rationalisierte das aus gutem Grund mit allen möglichen Befürchtungen (sonst bekommen die Kinder keinen Studienplatz, ich keine Beförderung, wir keine Wohnung etc.). So entwickelte man ein ausgeprägtes Sensorium für Erwartungen von außen und gab sich dann so konform wie nötig. - Manches Mal freilich konnte man die bestehenden Verhältnisse auch geschickt für den eigenen Vorteil nützen.

Diese Wendigkeit nutzt auch jetzt, denn es herrscht das Bestreben vor, sich an die Bedingungen und Gegebenheiten schnell anzupassen. Dabei wurde des öfteren auf die stets bewährte Überlebensregel hingewiesen: „Ja nicht auffallen!" Viele Tschechen vermeiden weiterhin eine eigene Meinung und eigene Vorschläge, wenn sie nicht den allgemeinen Richtlinien entsprechen könnten.

Auch die Anpassungsfähigkeit und Lernbereitschaft der Tschechen kann man hier verankern: Man hatte gelernt, sich nach dem Wind zu drehen, wenn das einen Nutzen bringt. Etliche, vor allem junge Leute, interpretieren die Marktwirtschaft als Locker-besser-schneller-Sein und denken, daß vor allem Raffinesse gefragt ist. Ihr Bemühen geht dann auf Kosten der Qualität.

Die Anpassung an und die Unterwerfung gegenüber den Autoritäten des Systems mündete im Sozialismus in einen *„Autoritätskonformismus"*. Gegenüber Behörden oder „Respektpersonen" trat man besser angepaßt, scheu und zurückhaltend auf. Man lernte, welche Meinung gefragt war und zeigte sich nach außen mit dieser Meinung konform. Und die, die auf der anderen Seite Autorität hatten, zeigten diese nicht selten in einem autoritären Führungsstil - denn sie übernahmen das Autoritätsmodell für ihr Handeln.

Der Autoritätskonformismus ist ebenfalls bis heute nicht zu leugnen: Tschechische Führungskräfte sind nicht daran gewöhnt, Verantwortung zu delegieren. Sich nicht in Sachen einzumischen, mit denen man nichts zu tun hat, ist das korrespondierende Verhalten auf Seiten der Mitarbeiter. Besser scheint sich exaktes Festhalten an der zugewiesenen Aufgabe zu bewähren und keine Breitschaft zu zeigen, darüberhinaus etwas zu tun (z.B. keine Mitarbeit beim Vorschlagswesen: „Das geht mich nichts an, das ist sein Job!"). Etliche Vorgesetzte - freilich nicht die anerkannt guten! - führen nach wie vor per Strafen und Sanktionen. Außerdem legen sie großen Wert auf Statussymbole und Privilegien. Viele von ihnen halten nach wie vor großen Abstand zu den Mitarbeitern und führen „vom Schreibtisch aus".

Aber: Der gezeigte Konformismus war weithin eine Scheinanpassung, denn eine Identifikation mit dem System und den ideologischen Werten fand nicht statt. Und deshalb sorgt eine Variante des Konformismus bis heute für besonders viel Zündstoff: der *passive Widerstand*. Man tut zwar dem Anschein nach so, als ob man mitmacht, verfolgt aber dabei seine eigenen Ziele und Interessen. Dabei vermeidet man geschickt jede Konfrontation, aber läßt die von den Deutschen beabsichtigen Maßnahmen ins Leere laufen: Es klappt eben nicht, es gibt eben Hindernisse, es passierten eben Fehler oder Verzögerungen... Letztlich erscheinen die Tschechen dabei als „Unschuldslämmer" und der Ärger auf der deutschen Seite ist groß, aber schwierig konkret festzumachen. So funktionierte auch im Sozialismus eine Art

Rache für die Bevormundung: Wenn schon die Freiheit eingeschränkt ist, dann kann man zumindest durch Interesselosigkeit, Nachlässigkeit oder auch vorsätzliche Manöver (wie Unterlassungen, kleine Fehler etc.) dafür sorgen, daß nichts mehr so richtig funktioniert. Man befindet sich in einer Art Bummelstreik. Tun, was gesagt wurde, durchaus auch in der Schwejkschen Form, wird praktiziert.

Dieser transformationsspezifische System-Kulturstandard korrespondiert eng mit den von uns beschriebenen Situationen, wann externale Kontrolle nötig ist, nämlich wenn keinerlei Identifikation mit von außen gestellten Anforderungen vorhanden ist (vgl. personorientierte Kontrolle 2.4.). Dann werden exakt diese Verhaltensmuster belebt. Außerdem wird klar, weswegen Tschechen Konfliktvermeidung (vgl. 2.7.) sehr nachhaltig gelernt haben: Konflikte erscheinen als zu gefährlich und verursachen eine Menge Ängste.

b. Beziehungsorientierung: Gruppenorientierung und Privatismus

Mit diesem System-Kulturstandard ist zum einen die für sozialistische Systeme starke *Gruppenorientierung* beschrieben. Eigentlich war mit den Kollektiven staatlicherseits der Versuch verbunden, die Bürger zu kontrollieren und somit den Systemkonformismus zu forcieren, doch die Entdeckung der Tatsache, daß gegen einen einzelnen vorgegangen werden konnte, aber gegen eine Gruppe fast nicht, bewirkte vielfach das Gegenteil, nämlich starken Zusammenhalt. Dieser Zusammenhalt wurde zudem verstärkt durch die Mangelwirtschaft, weil man aufeinander angewiesen war. Gruppen wurden somit zum „warmen Nest", zur Schutzburg und zum Ort der Hilfe in der Not.

Das Eingebundensein in eine Gruppe wird auch heute noch als sehr wichtig empfunden. In und mit ihr kann und will man effektiv handeln. Die Gruppe bietet Unterstützung. Hier ist man zueinander solidarisch. Es herrscht ein kameradschaftlicher Umgangston. - Das gilt nach wie vor und viele derartige Phänomene erfaßten wir in unserem Kulturstandard „Personbezug" (2.1.). Trotzdem betonten alle unsere Informanden, daß dieser Zusammenhalt mit der neuen Zeit schwindet und eine Individualisierung zu verzeichnen ist. Die meisten von ihnen bedauerten das.

Im Sozialismus wurde die Leistung der Gruppe, nicht die des Individuums bewertet. Daraus resultierte geringere Konkurrenz und alle waren gleich. Die Art der Leistungsbewertung ist nun sehr im Wandel begriffen. In den Köpfen der meisten regiert noch dieses Ideal der Gleichheit, während sie gleichzeitig aber Ungleichheit erleben. Denn es wird z.B. nicht wahrgenommen, daß ein Einkommen nicht nur die Entlohnung für eine bestimmte Position ist, sondern auch von deren Charakteristik und Wichtigkeit abhängt. Im Vergleich mit anderen dominiert jetzt ein permanentes

Gefühl der Ungerechtigkeit. Eine Folge davon ist die massive Zunahme des Neids als Ausdruck eines Konkurrenzgefühls, das sich nicht in eine proaktive Energie zum Wettbewerb umwandelt, sondern im Passiven stehenbleibt.

Zum anderen herrschte im Sozialismus ein *Privatismus* dergestalt, daß der Privatbereich und der Arbeitsbereich ineinander übergingen. Familie und private Aktivitäten hatten einen hohen Stellenwert und konnten - selbst dienstlich - klar die Priorität vor dem Beruf einnehmen. Auch das Verhältnis zum Vorgesetzten wurde vorzugsweise kumpelhaft gestaltet. – Unsere Informanden berichteten, daß das nach wie vor weithin gilt. „Personbezug" (2.1.) und „Diffusion" (2.5.) lassen grüßen. - Der sozialistische Hintergrund war, daß eine Art Flucht ins Private die Gegenreaktion auf den Zwang zum Systemkonformismus, auf den geringen Handlungsspielraum und die Widersprüche der Ideologie im Alltag darstellte. Es entwickelte sich eine Orientierung auf Familie, Freunde, informelle Aktivitäten.

Soziale Faktoren bestimmen immer noch die Motivation der Mitarbeiter weithin - manchmal sogar mehr als monetäre Entlohnung. Und im Stillen erwartet man nach wie vor die Weiterführung sozialistischer Traditionen, wie Geschenke zum Frauentag, Gratisleistungen seitens der Firma oder großzügige Sozialleistungen eines Betriebs.

c. Handlungsblockade

Mit dem Stichwort „Handlungsblockade" wird das *Fehlen der Initiative* zu verantwortlichem, eigenständigem oder problemlösendem Handeln beschrieben, obwohl auf kognitiver Ebene klar ist, worin das Problem besteht und wie es zu lösen wäre. Aber die Kognition hat kein aktives Handeln zur Folge. Zudem werden Handlungsspielräume nicht genutzt. Dazu bedarf es einer konkreten Anweisung.

Der Hintergrund, der ein solches Verhaltensmuster entstehen ließ, war ein Machtsystem, das seine Totalitarität in einer vormundschaftlich-fürsorglichen Art ausübte und die resultierende Unselbständigkeit als soziale Sicherheit glorifizierte. Menschen, die sich einmischten, Fragen stellten, Vorschläge machten, waren unerwünscht und wurden dafür mehr oder weniger sanktioniert. Gelobt wurde derjenige, der seine ihm aufgetragene Arbeit verrichtete, ohne über die Grenzen seines Auftrags hinauszugehen. Es manifestierte sich damit eine Art generalisierter, „erlernter Hilflosigkeit" in diesem weithin entmündigenden System, das Initiative öfters bestraft, statt gefördert hat, das Initiative aber sicher unerwünscht - weil potentiell störend - erscheinen ließ. Abschieben von Verantwortung und Passivität waren durchaus tragfähige Überlebensmodelle. Das Umschalten von kognitiver Problemanalyse zu aktivem Handeln setzt nämlich voraus, daß man entsprechende

Gestaltungsfelder hat. Aber dafür waren oder schienen die Widerstände denn doch zu groß. Jeder erledigte also nur seinen engumgrenzten Bereich und was darüber hinaus ging, interessierte ihn nicht. Darum sollte sich eine übergeordnete Instanz kümmern. Allenfalls verwandte man Mühe darauf, zu erklären, warum man nicht gehandelt und den Plan nicht erfüllt hat. „Wissen Sie, bei uns war immer der der Beste, der erklären konnte, wie es nicht geht. Wenn er gesagt hat, wir können das und das nicht machen, weil das und das eingetreten ist und das könnte noch eintreten oder noch kommen, dann war das der beste Mann in dem Arbeitsbereich."

Charakteristisch ist für ein solchermaßen geprägtes Verhalten ist heute noch:

- Es fehlt an Bereitschaft zur Verantwortungsübernahme für die anvertrauten Aufgaben:

  - Man klagt, aber unternimmt nichts, den Mißstand zu beheben.

  - Fehler werden weder aufgezeigt noch behoben.

  - Ein Motto heißt: „Lieber abwarten, was passiert" als selbst handeln.

  - Man sieht bei Passivität nicht, welche Konsequenzen sie haben kann.

  - Ein Ziel ist es nicht selten, wichtige Aufgaben loszuwerden und zu verschieben.

- Nur auf Vorgaben des Vorgesetzten hin wird gehandelt. Selbst bei Problemen im eigenen Arbeitsfeld soll der Chef sagen, was zu tun sei.

- Oft besteht zu wenig Identifikation mit der Arbeit und zu wenig Stolz auf gute Ergebnisse.

- Es herrscht wenig Freude an hochwertiger und gut ausgeführter Arbeit.

- „Alibismus" spielt eine große Rolle. Darunter verstehen Tschechen „keine Lust zur Übernahme der Verantwortung für die eigene Meinung" sowie „keine Lust zur Suche nach einer eindeutigen Lösung". Lange Diskussionen dienen dem Ausweichen, dem Zeitgewinn und dem Sich-Drücken.

- Tendenziell besteht nur unzureichende Selbstkontrolle und wenig Bereitschaft, „ohne Peitsche" zu arbeiten.

- Selbst Führungskräfte erledigen ihre Arbeit oft nur „theoretisch" bzw. formal, d.h. per Erlasse vom Schreibtisch aus, ohne sich dann um die Umsetzung zu kümmern.

- Fremdes Eigentum wird geringgeschätzt und man geht mit ihm daher nachlässig um.

Die relativ weitreichende Parallele zum Kulturstandard „personorientierte Kontrolle" (2.4.) ist auffällig: Tschechen zeigen von sich aus nur dann Initiative, wenn es ihnen im weitesten Sinne nützt oder sie sich in der Beziehung sicher, d.h. nicht blockiert, fühlen.

Eine Blockade, die aus Angst resultiert, beschrieben wir außerdem als Hintergrund für die „schwankende Selbstsicherheit" (2.8.), während Westdeutsche ungehemmt loslegen.

Die tschechische Handlungsblockade ist aber aufzubrechen: Inzwischen ist nämlich auch ihr glattes Gegenteil beobachtbar. Etliche Leute blühen auf unter den neuen Bedingungen und ergreifen ihre Chance. Sie sehen eine Möglichkeit, sich zu verwirklichen, aktiv zu sein, etwas zu bewegen, es zu etwas zu bringen und sie arbeiten viel und hart. Das gilt vor allem für die, die früher nicht genügend wertgeschätzt wurden und deren Arbeitsbegeisterung dadurch markant gedämpft wurde. Die Bedingungen für eine „Entblockierung" beschrieben wir bereits in unseren Kulturstandards: Bereitschaft zum Wahrnehmen von Chancen (vgl. Abwertung von Strukturen 2.2.), Nutzen des Handelns für die eigene und sympathische andere Personen, Identifikation mit der Sache (vgl. personorientierte Kontrolle 2.4.), Wachsen von Selbstsicherheit (2.8.).

d. Vorsichtiger Interaktionsstil

Die tschechische Zurückhaltung in der Interaktion wurde bereits als grundsätzliches Mißtrauen bei Erstkontakten im Zusammenhang mit dem Stichwort „Distanzregulierung" (vgl. „Diffusion" 2.5.) geschildert sowie als Bestandteil der „Konfliktvermeidung" (2.7.). Der „starke Kontext" (2.6.) wirkt zudem förderlich, etwas zunächst einmal versuchsweise anzudeuten und seine Wirkung zu testen, um lediglich im „informellen Setting" (2.5.) sich frei genug für Offenheit zu fühlen.

Viele solcher Auffälligkeiten wurden uns auch als Überbleibsel der jüngsten geschichtlichen Erfahrung des Sozialismus genannt. Denn die Angst, etwas falsch zu machen und zur Verantwortung gezogen zu werden, prägte den „vorsichtigen Interaktionsstil". Er zeigt sich in formalisierter Höflichkeit, Überangepaßtheit, dem Vermeiden klarer und direkter Aussagen auch auf (Nach)Fragen, einer starken Kritikempfindlichkeit, einem hohen Maß an Selbstkontrolle, der Ablehnung des Zeigens von Gefühlsregungen, ausgeprägter Beherrschung und Zurückhaltung, der Benutzung vieler Umschreibungen und Abschwächungen sowie in einem starken Mißtrauen. Feedback vermeidet man, über Probleme diskutiert man nicht offen, Informationen gibt man äußerst spärlich, unangenehme verschweigt oder vernebelt man lieber. Deutsche fassen den tschechischen Kommunikationsstil manchmal so zusammen: „Mund zu - das ist am sichersten." Nur mit Humor und Witzen verschafft man sich für manchen Ärger ein Ventil. Ansonsten ist eine Fassade von Freundlichkeit, Höflichkeit, Zurückhaltung, Vorsicht angesagt. Zur Illustration seien hier ein paar tschechische Redewendungen und Sprichwörter, die die Bedeutung von Vorsicht unterstreichen, zitiert:

- „Lieber ein Wort zu wenig. Vorsicht ist niemals zuviel."

- „Nur nichts sagen, was den Mund auf einen Spaziergang gehen läßt. "

- „Alles, was Sie sagen, kann sich gegen Sie umdrehen."

- „Miß' zweimal, schneide einmal."

- „Mach dir keine Feinde." (Mit Bemerkungen, Aussagen usw..)

Ein vorsichtiger Interaktionsstil ist allen uns vorliegenden Analysen zufolge weiterhin als ein sehr tschechisches Kommunikationsverhalten zu erwarten.

e. Zeitliche Ungebundenheit

In einer zentral geleiteten Wirtschaft war es völlig sinnlos, sich bei der Arbeit zu überschlagen. „Wir lernten, Arbeit zu simulieren. Denn wir hatten für zwei Stunden Arbeit, mußten uns aber acht Stunden beschäftigt zeigen" so schilderte das ein Interviewpartner. War man zu schnell, war nur das Material verbraucht und man mußte seine Zeit unbeschäftigt absitzen. Oft stoppte die Zulieferung und es entstanden sowieso Wartezeiten. Niemand hatte Vorteile, wenn er schneller oder effektiver arbeitete. Es hatte keinen Sinn, motiviert zu arbeiten, denn es gab keinerlei Anreiz zur rechtzeitigen Erfüllung der Aufgaben; es existierten auch keine Sanktionen für Verspätung. Zeit schien ein willkürlicher bürokratischer Akt. Hinter allem standen große bürokratische Apparate, die die Entscheidungen trafen. Das dauerte. Und das lehrte: Keine Eile!

Der Faktor Zeit spielt bis heute am Arbeitsplatz eine untergeordnete Rolle. Der Preis der Zeit ist vielen nicht bewußt und sie verhalten sich noch immer weithin gleichgültig gegenüber Terminen. Handlungen und Vorgänge werden vielmehr ruhig und ohne daß Zeitdruck wahrgenommen wird, erledigt. Der Arbeitsstil wirkt gelassen. Die Folge ist, daß Zeitvorgaben nicht eingehalten werden und Zeitverluste nicht aufgeholt werden. Auch längere Pausen im Arbeitsfluß werden toleriert. - Hier begegnet uns manches wieder, was wir bereits bei den Kulturstandards „Simultanität" (2.3.) und „personorientierte Kontrolle" (2.4.) berichteten. Ganz sicher hat der Sozialismus einer zeitlichen Lässigkeit nicht entgegengewirkt.

Eine Gegenreaktion auf die sozialistische Vergangenheit besteht im Moment darin, langfristige Pläne abzulehnen. Man will mit Euphorie seine Freiheit genießen. Und Pläne erscheinen dabei hinderlich. - Ein Neuauflage der „Abwertung von Strukturen" (2.2.) gespeist aus jüngster Geschichte.

f. Improvisationstalent

Improvisationstalent ist allgemein eine das Überleben sichernde Fähigkeit unter sozialistischen Bedingungen gewesen. Denn es galt, Suboptimales zum Funktionieren zu bringen und Situationen geschickt innerhalb des zur Verfügung stehenden Spielraums zu nutzen: Sich zu helfen zu wissen - aus einfachen Materialien das Notwendige zu zaubern, Beziehungen vorteilhaft einzusetzen, mit vorsichtiger Eloquenz sich aus der Affäre zu ziehen- war subjektiv überlebenswichtig. Und sogar objektiv ließ das System diese Grauzone bis zu einem gewissen Grad zu, um seine Schwachstellen etwas kompensieren zu können. Dabei wurde das Improvisationstalent dann eingesetzt, wenn man eine Nische witterte und zum eigenen Vorteil etwas erreichen konnte. Es regierte mehr im Informellen. (Die Handlungsblockade dominierte dagegen die offizielle, formelle Seite des Lebens.)

Über die Improvisationsliebe der Tschechen haben wir schon viel gehört (vgl. „Abwertung von Strukturen" 2.2.). Sie wurde ganz sicher durch den Sozialismus verstärkt. Ebenso die hohe Bedeutung der informellen Netzwerke, Kanäle, Settings (vgl. „Diffusion" 2.5.).

3.2. Beschreibung einiger westdeutscher marktwirtschaftlicher System-Kulturstandards

a. Ergebnisorientierung

Wenn wir als ersten transformationsspezifischen System-Kulturstandard „Konformismus" nannten, dann wollten wir damit das Typische eines Konformismus im Sozialismus sowie seine Auswirkungen bis heute erfassen. Es liegt uns fern zu behaupten, in einem marktwirtschaftlichen System, sei kein Konformismus erforderlich. Der Unterschied liegt vor allem darin, *womit* man sich konformistisch zeigen soll und wie sich dieser Konformismus deshalb ausprägt. Während sich der Sozialismus nicht nur auf das Wirtschaftsleben beschränkte, tut das die Marktwirtschaft zunächst einmal und von ihrem Anspruch her schon (ihre gesellschaftlichen Folgewirkungen stehen auf einem anderen Blatt).

Auf der marktwirtschaftlichen, westdeutschen Seite steht deshalb unseres Erachtens an erster Stelle das Schlagwort *„Ergebnisorientierung"* oder „Wille zum Erfolg". Das nicht zur Diskussion stehende Herzstück der Marktwirtschaft heißt Gewinnmaximierung. Und auf diese gewinnträchtigen Ergebnisse hat man - auf eine andere Art konform - hinzuarbeiten. Unsere Interviewpartner „beteten" uns gewissermassen als tagtäglich erlebbare, von Westdeutschen selbstverständlich, von Tschechen weniger internalisierte, marktwirtschaftliche Grundpfeiler folgende Punkte „herunter":

- Nur der Erfolg zählt. (Über ihm steht keine Ideologie mehr.)

- Er wird systematisch angestrebt.

- Der Kunde entscheidet, was gut ist und was als Erfolg betrachtet werden kann.

- Fehler kann man sich nicht leisten, wenn man im Wettbewerb bestehen will.

- Mitarbeiter werden in erster Linie als Humankapital betrachtet, in die investiert wird, damit sie zur Produktivität beitragen.

- Jeder Mitarbeiter ist auch seinerseits von individuellem Gewinnstreben geprägt und kann ihn bei guter Leistung erreichen.

Nach dieser Liste entpuppen sich „Sachbezug" (2.1.), „Aufwertung von Strukturen"

(2.2.) und Internalisierung („regelorientierte Kontrolle" 2.4.) als in einer Marktwirtschaft sehr nützliche Kulturstandards.

b. Leistungsorientierung

Auf der westdeutschen, marktwirtschaftlichen Seite hagelt es im Vergleich zur tschechischen „Beziehungsorientierung" geradezu Nennungen von Kriterien, die als *„Leistungsorientierung"* zusammengefaßt werden können. Dabei ist Leistung als Effektivität und Effizienz unangefochten hoch geschätzt („Von nichts, kommt nichts") und fungiert als Umsetzung der Basisvoraussetzung „Ergebnisorientierung" sowohl als Handlungsrahmen für Individuen wie für Firmen wie auch für das gesamte System. Denn ein Eckpfeiler der Marktwirtschaft heißt: Survival of the fittest - nur der Leistungsstarke überlebt. Einige der in unserem Kontext verhaltensrelevanten Schlüsselelemente sind:

- Optimierung des Produktionsablaufs zugunsten von Qualität und Kosten

- Leistungsgerechte Entlohnung (im Rahmen des jeweiligen Lohnniveaus)

- Anerkennung und Steuerung der Leistung durch (möglichst objektive) Leistungsbeurteilung

- Wichtigkeit eines Controling

- Verläßlichkeit, Entschlossenheit und Durchsetzungsfähigkeit (in jeder Position bzgl. der jeweiligen Aufgabe)

- Einsatzbereitschaft von Führungskräften

- Priorität für Leistungsfähigkeit des Unternehmens (vor Rücksichtnahme auf Belegschaft)

- Vorrang der Aufgabe und Firmeninteressen vor Privatem (im Rahmen der Arbeitszeit); Hintanstellen des Privatlebens, wenn erforderlich

- Sozialleistungen an Mitarbeiter müssen zunächst erwirtschaftet werden

- Betrachtung einer guten Arbeitsatmosphäre als produktivitätserhöhenden Faktor (in erster Linie)

- Streben nach maximaler Kundenzufriedenheit

- Marketing, Werbung, Imagepflege (ein gutes Image läßt das Produkt in gutem Licht erscheinen - ein gutes Produkt verhilft zu einem guten Image)

- Kostenbewußtsein (bzgl. Beschaffung, Investitionen, Preisgestaltung, Mängel etc.)

- Wettbewerbsbewußtsein

- Qualifizierung der Mitarbeiter dient der Leistungserhöhung und der Motivation

Wieder sind die Kulturstandards „Sachbezug" (2.1.) sowie „regelorientierte Kontrolle" (2.4.) und „Trennung von Lebensbereichen" (2.5.) die Basis für die Westdeutschen, um im marktwirtschaftlichen System effektiv zu sein.

c. Initiative

Die Bereitschaft zur *Initiative* basierend auf einem individuell verankerten Verantwortungsgefühl stellt auf der marktwirtschaftlichen Seite den Gegenpol zur Handlungsblockade dar. Sie zeigt sich zum Beispiel so:

- sich (selbstinitiiert) bzgl. seines Arbeitsfeldes auf dem laufenden halten durch Weiterbildung und durch Informationen

- Umsetzen von Wissen, Können, Vereinbarungen

- Verantwortungsgefühl im eigenen Tun gegenüber der Firma (Firmeninteresse vor Eigeninteresse)

- eigene Aktivität, eigene Entscheidungen als Motor (z.B. in der Kundenbeziehung aktives Mühen, Nachhaken, Nachfragen, Problemgespräche)

- Selbstdisziplin zur Zielerreichung

- Verantwortungsübernahme bei Fehlern

- statt sanktionierender, aktivierende Motivation zur Erhöhung der Einsatzbereitschaft (Anreizmotivation)

- Bemühen um einen partizipativen Führungsstil, der die Mitarbeiter in die Entscheidungen miteinbezieht

- aktive Unterstützung seiner Mitarbeiter als Vorgesetzter aufgrund seiner Position und seiner detaillierten Fachkenntnisse

- Entwicklung neuer Ideen auf Firmenebene, um sich von den Wettbewerbern abzusetzen und damit geschäftlich überleben zu können.

(West)Deutsche messen dieser Initiative in Form des verläßlichen, selbständigen Ausfüllens des individuellen Spielraums geradezu einen enorm großen Stellenwert bei (vgl. „regelorientierte Kontrolle" 2.5.) und halten sie für den Motor einer Leistungsorientierung, die von Erfolg gekrönt ist.

d. Sicherer Interaktionsstil

Dem vorsichtigen Interaktionsstil der Tschechen steht auf der westdeutschen Seite ein *„sicherer Interaktionsstil"* gegenüber. All das, was inhaltlich hierzu von unseren Informanden genannt wurde, beschrieben wir bereits in der Darstellung der Kulturstandards „schwacher Kontext" (2.6.) als Direktheit, „Konfliktkonfrontation" (2.7.) als mangelnde Konfliktscheu und „stabile Selbstsicherheit". An dieser Stelle genügt es, festzuhalten, daß Deutsche angesichts der Ergebnis- und Leistungsorientierung diesen Interaktionsstil für sehr produktiv und zweckdienlich halten.

e. Zeit ist Geld

„Zeit ist Geld" ist eine westdeutsche Devise im Berufsleben. Streß und Hektik herrschen hier vor. Zeitdruck ist allgegenwärtig. Zudem besteht grundsätzlich der Anspruch auf permanente Leistungsoptimierung (gleiches Ergebnis in geringerer Zeit). Besonders wenn es um den Kunden geht, ist Schnelligkeit und zeitliche Zuverlässigkeit unabdingbar. Zeit-Management (von Terminkoordination bis zur Vermeidung von Überstunden durch geschickte Organisation) ist eine Basisvoraussetzung für Leistung, Karriere, Aufstieg.

Internalisierte, regelorientierte „Konsekutivität" (2.4. und 2.3.) ist ein wesentlicher Bestandteil der deutschen Variante von Ergebnis- bzw. Leistungsorientierung.

f. Qualitätsbewußtsein

Auf der westdeutschen Seite hat Improvisation den Geruch des Nachbesserns bei Schlamperei. Wenn die Vorbereitung nicht gut war, wenn sich ein Fehler eingeschlichen hat, wenn etwas übersehen wurde etc.. Das sind alles Situationen, die man eigentlich ausgemerzt wissen möchte, denn man frönt einem ausgeprägten *„Qualitätsbewußtsein"*. Man strebt nach Fehlervermeidung und Mißerfolgsvermeidung. Man will sich mit Schwächen nicht abfinden, sondern ist bemüht, an ihrer Behebung zu arbeiten. Reklamationen wirken alarmierend, denn der Anspruch auf hohe Qualität konnte nicht eingelöst werden, eine Imageschädigung (bzgl. Produkt und Firma) beim Kunden ist erfolgt, der Verlust des Kunden ist zu befürchten, im Wiederholungsfall verliert man Marktanteile und muß sich um seine Konkurrenzfähigkeit sorgen. Die nunmehr nötige Nacharbeit verursacht zudem nichtgeplante Kosten. Kundenzufriedenheit ist zwingend nötig und stellt den letzten Grund für die Qualitätsansprüche dar, denn der Kunde bezahlt schließlich die Gehälter der Mitarbeiter und den Gewinn der Firma. Davon abgesehen gelten Produkte als permanent optimierbar. Und Verbesserungen sind dann möglich, so ist man fest überzeugt, wenn Probleme offen und klar festgestellt und analysiert werden und für Fehler ein Klima konstruktiver Kritik herrscht.

Der Weg zum Ziel „hohe Qualität" ist mit „Sachbezug" (2.1.) und konfrontativer Problemanalyse (vgl. Konfliktkonfrontation 2.7.) gepflastert.

3.3. Zur Tragweite der System-Kulturstandards

Kulturen entstehen im Laufe der Geschichte eines Volkes. Wirksame, adaptive Muster einer Epoche können wieder verschwinden, wenn die Umweltbedingungen sich geändert haben. Sie können aber auch bleiben, wenn ähnlich gelagerte Umweltbedingungen die eingeschliffenen Muster weiterhin als geeignete Bewältigungsstrategien erscheinen lassen. Welche Elemente der transformationsspezifischen Verhaltenmuster in der tschechischen Kultur daher bleiben werden und welche verschwinden werden, ist wohl am besten, wie hier geschehen, in der Zusammenschau mit den tschechischen Kulturstandards prognostizierbar. Wir sind überzeugt, daß die Muster, die wir als Tschechische Kulturstandards (vgl. Kapitel 2) schilderten, in der jetzigen Generation mittleren Alters ihre Gültigkeit behalten dürften, weil sie historisch tiefer verwurzelt sind (vgl. Schroll-Machl, in Vorb.). Unser Ziel bestand hier lediglich darin, Antworten auf die Frage zu suchen, inwiefern die sozialistische Vergangenheit (erfaßt in den sog. System-Kulturstandards) ihre Spuren in der tschechischen Mentalität hinterließ.

Zur Frage nach den marktwirtschaftlichen Charakteristika möchten wir noch einmal klar hervorheben, daß uns hier Marktwirtschaft in einer *westdeutschen* Variante gegenübertritt. Sachorientierung ist beispielsweise eine gute Möglichkeit für Westdeutsche, den Erfordernissen einer Marktwirtschaft gerecht zu werden. Viele andere marktwirtschaftlich geprägte Kulturen folgen in diesem Punkt ähnlich den Tschechen einer Personorientierung, wenngleich in französischer, italienischer oder japanischer Spielart! Wir möchten das deshalb betonen, weil wir auf keinen Fall irgendjemandem die Schlußfolgerung nahelegen möchten, daß deutsche Kulturstandards missionarisch verbreitet werden dürften oder sollten, weil man scheinbar nur mit ihnen den Erfordernissen einer Marktwirtschaft gerecht wird. Das stimmt sicher nicht! Hier würden zwei Dinge irrtümlich, weil vorschnell, gleichgesetzt, die sich lediglich überlappen: der Transformationsprozeß und die tschechische Kultur auf der einen Seite und Marktwirtschaft und die westdeutsche Kultur auf der anderen Seite. In unserem Modell der Pole gesprochen, wird es vielmehr so sein, daß die Oszillationen auf seiten der Tschechen weiter zunehmen und sich damit sowohl individuelle wie kollektive Erwartungswertverschiebungen von den transformationsspezifischen System-Kulturstandards in Richtung der marktwirtschaftlichen System-Kulturstandards ergeben werden. Solche Verschiebungen sind höchstens kurzzeitig oder für einzelne Personen und Gruppen ein Bruch mit dem Gewesenen, überwiegend sind sie Entwicklungen. Das heißt: An den Stellen der von uns (in Kapitel 2) beschriebenen tschechischen Kulturstandards, an denen der Sozialismus verstärkend wirkte, ist lediglich eine gewisse Abschwächung oder eine größere Streubreite der Ausprägung des jeweiligen Kulturstandards wahrscheinlich, aber er wird keinesfalls verschwinden. Vielmehr können wir mit gutem Recht davon ausgehen, daß wir mit den tschechischen Kulturstandards (vgl. Kapitel 2) eine tschechische Mentalität beschrieben haben, mit der man weithin zu rechnen und mit der man sich zu arrangieren hat. Solange wir und Sie mit Tschechen arbeiten allemal.

Kapitel 4: Fallbeispiele

Im folgenden möchten wir zur Illustration unserer Ausführungen ein „Kritisches Ereignis" und eine Fallgeschichte, die sich in der Zusammenarbeit zwischen (West)Deutschen und Tschechen abspielten, wiedergeben. Wir stellen zunächst einfach die Situation dar und geben dann die deutsche und die tschechische Perspektive sowie den Bezug zu den Kulturstandards wieder.

Die Kontakbörse:

Ein deutsch-tschechischer Verband von Unternehmern organisiert eine Kontaktbörse. Alle möglichen Unternehmenssvertreter sowie diverse Repräsentanten verschiedener Organisationen sind anwesend, um die Koordination der deutsch-tschechischen Aktivitäten zu besprechen und zu planen. Zwei Verantwortliche, eine Deutsche und ein Tscheche, leiten und moderieren die Veranstaltung. Man hat den ganzen Tag gearbeitet. Der offizielle Teil der Veranstaltung ist beendet, das Programm, das man sich bis zum Abendessen vorgenommen hatte, ist abgearbeitet und der Abend steht zur freien Verfügung. Am anderen Tag soll das Programm fortgesetzt werden.

Es ist Nacht und die Deutsche schläft, wie die meisten Deutschen. Die Tschechen sitzen in einer Runde zusammen, sie sprechen miteinander, trinken Wein und lachen viel bis um 5 Uhr morgens.

Am nächsten Tag geht die Tagung um 9 Uhr weiter. Der tschechische Verantwortliche kommt ein paar Minuten vor 9 Uhr todmüde in den Raum, in dem die Deutsche schon alles hergerichtet hat. Die beiden hatten vereinbart, daß er die Moderation des Vormittags übernimmt. Er orientiert sich ein bißchen und sagt dann zur Deutschen, daß sie doch bitte die Moderation übernehmen möge, er fühle sich nicht gut. Die Deutsche ist innerlich sehr wütend: Ihr Kollege säuft die ganze Nacht und drückt sich dann um die Arbeit! Aber es geht ihr um das Gelingen der Veranstaltung und sie übernimmt die Moderation. Ihr tschechischer Kollege hält sich, wie zu erwarten war, zurück. Der Vormittag verläuft tagesordnungsgemäß. Mit dem Mittagessen endet die Veranstaltung und alle scheinen zufrieden.

Nur die Deutsche hat ein Problem, das sie in der Reflexion der Veranstaltung mit ihrem tschechischen Kollegen besprechen möchte.

Die deutsche Perspektive:

Die Deutsche denkt sich über ihren tschechischen Kollegen:

- Er ist unzuverlässig! Er hält sich nicht an die Vereinbarung!
- Er hat keine Motivation zur Arbeit und nimmt sie offensichtlich nicht ernst.

Über sich selbst denkt sie:

- Alles müssen wir Deutsche machen! Ich arbeite viel mehr. Der tschechische Kollege nützt mich aus. Das ist so ungerecht!

- Wieder sind die Deutschen in der Pflicht, daß diese so wichtige Veranstaltung gelingt. Deshalb übernahm ich ja auch die Moderation, ohne zu sagen, wie sehr ich mich ärgerte. Welche andere Chance hätte ich auch gehabt? Mein Kollege sah wirklich nicht gut aus und hätte keine gute Figur abgegeben.

- Und es gibt ein Dilemma: Schon wieder einmal scheinen die Deutschen zu dominieren - so mußte es aussehen. Aber ich wurde in diese Rolle gezwungen! Ich bemühte mich so sehr um Partnerschaft und achtete darauf, daß wir die Moderations-Anteile ganz gerecht aufteilten, damit sich die tschechische Seite auf keinen Fall benachteiligt fühlen muß. Und dann wird diese Chance einfach weggeworfen! Sollen die Deutschen wieder einmal als machtlüstern vorgeführt werden?

Die tschechische Perspektive:

Der tschechische Kollege denkt über sich und die anderen beteiligten Tschechen folgendes:

- Auf dieser Veranstaltung waren sehr wichtige Leute: etwaige künftige Partner des Verbands, einflußreiche Mitglieder und Geladene des Netzwerks des Verbands. Zu diesen Personen ist Kontaktpflege das allerwichtigste, damit man zusammenarbeiten kann.

- Wir Tschechen haben sehr viel erledigt. Wir haben die ganze Nacht gearbeitet. Beim Wein ging das schneller und angenehmer und wir schafften viel mehr als auf der offiziellen Tagung.

- Wir Tschechen sind flexibel. Wir nützten die Gelegenheit des Zusammenseins und erledigten dabei bereits vieles, was für morgen auf der Tagesordnung gestanden wäre.

- Ich selbst bin rechtzeitig gekommen - trotz extrem kurzem Schlaf. Wir Tschechen hatten sogar besprochen, den Beginn auf 10 Uhr zu verschieben, doch die Deutschen schliefen schon und daher beließen wir alles so, wie im Programm ausgedruckt. Tschechen sind zuverlässig! Bis 9 Uhr sind wir da. Es gibt kein Problem.

- Ein Freund hilft, ein guter Kollege auch. Es ging doch bloß um die Moderation, nicht um eine inhaltliche Vor- oder Nachbereitung. Ich bat meine Kollegin lediglich um eine kurze Aushilfe, weil ich nicht fit war. Das hat nichts mit „Unzuverlässigkeit" oder gebrochenem Wort zu tun.

Er denkt über die Deutschen:

- Die Tagesordnung muß eingehalten werden - egal ob das nützlich ist oder nicht. In der Nacht wurde sehr vieles schon besprochen. Der Vormittag ist daher reine Zeitverschwendung. Aber Deutsche sind unflexibel.

- Die Deutschen wollen weder sehen noch glauben, daß wir Tschechen in dieser Nacht gearbeitet haben. Das verstimmt uns.

- Warum ärgert sich die Deutsche? Wir Tschechen haben bereits bearbeitet, was uns wichtig war. Und jetzt machen wir brav die Show für die Deutschen. Wenn sich die Kollegin aufregt, ist das ungerechtfertigt, äußerst lästig und wieder ein typischer Fall deutschen Theaters.

- Außerdem ist es sehr unfair, wenn die Kollegin mir nun vorwirft, daß ich meine Rolle nicht ernst nähme, den tschechischen Part in der Doppelspitze bewußt und sichtbar zu repräsentieren. Das mache ich doch! Natürlich war es anfangs so, daß die Kollegin auf solchem Parkett erfahrener war als ich. Sie ist auch immer ganz selbstsicher aufgetreten und machte selbstverständlich den größten Teil des Papierkrams, der Auftritte usw.. Sie bemerkte dabei nicht, daß diese Selbstsicherheit mir auch viel Mut genommen hatte, mich einzubringen. Damit hat sie mich ein bißchen zum Blöden gestempelt. Und mir das jetzt vorzuwerfen, daß ich ihr Engagement selbstverständlich ausnutze, das ist eine echte Unverschämtheit!

Wirksame Kulturstandards:

- *Personbezug - Sachbezug*:

Das Hauptmotiv war für die Tschechen die Personorientierung, denn eine gute Beziehungsebene ist die Voraussetzung zur Zusammenarbeit. Die Deutschen betrachten das Treffen sachorientiert: Die zentralen Punkte sind in das Programm gebannt.

- *Abwertung von Strukturen - Abwertung von Strukturen*:

Das Programm repräsentierte für die Deutschen begründete Überlegungen, wozu man diese Veranstaltung abhält - inhaltlich und als Symbol partnerschaftlicher Zusammenarbeit. Die Tschechen hatten ebenfalls eine Reihe von Zielen, aber wenn es sich eben ergibt, daß man diese Ziele anders erreicht, dann ist die Struktur hinfällig geworden.

- *Simultanität - Konsekutivität*:

Tagsüber wird gearbeitet - abends ist es ein bißchen gesellig - nachts wird geschlafen. Das ist deutsche Normalität. Lachen *und* ernsthaft arbeiten beim Wein?!?

- *personorientierte - regelorientierte Kontrolle*:

Für die Deutsche sind Vereinbarungen einzuhalten. Wer nachts trinkt, hat dennoch am anderen Tag seinen Mann zu stehen. - Dem Tschechen war diese Vereinbarung nur eine Formalie.

Warum die deutsche Moderatorin aber so heftige Gefühle hatte, lag daran, daß sie in den vereinbarten Regeln (Abfolge der „Auftritte") ein ehrlich gemeintes, wohlwollendes Beziehungsangebot machte: Tschechen vor! Nicht in die zweite Reihe! Sichtbare Partnerschaft! (vgl. Dynamik Sachbezug - Personbezug)

- *Diffusion - Trennung von Persönlichkeits- und Lebensbereichen*:

Die Tschechen lebten in dieser Nacht die Diffusion voll (formell-informell; emotional-rational; Rolle-Person), während die Deutschen gemäß der Trennung der Lebensbereiche die formelle Ebene abgeschlossen hatten und am nächsten Tag fortsetzen wollten.

- *schwankende - stabile Selbstsicherheit*

Aufgrund des Know-how-Gefälles zu Beginn der Kooperation ging die Deutsche arbeitsmäßig „natürlich" (=selbstsicher) in Vorleistung, in der Erwartung, daß ihr tschechischer Kollege „nachzieht". Schließlich heißt Partnerschaft: Geben und Nehmen zu gleichen Teilen (vgl. Distanzregulierung). In ihrer sachorientierten Art konzentrierte sie sich dabei auf die gemeinsamen Aktivitäten und erwartete das Gleichziehen auf dieser Ebene.

Partnerschaft unter Tschechen heißt: Jeder tut, was ihm leichter fällt. Das wird sich schon irgendwie ausgleichen. Wenn also die Deutsche (in bestimmter Hinsicht) mehr macht, ist das okay. Darüber wird in einer echten Partnerschaft selbstverständlich nicht gesprochen. Aber sobald das expliziert wird, ist diese partnerschaftliche Ebene ja verlassen und jetzt treten die (latenten) schlechten (selbstunsicheren) Gefühle in den Vordergrund („In diesem Feld kann ich den Wettbewerb mit den Deutschen nicht gewinnen"). Geschieht die Explikation in der Form eines Vorwurfs, dann erheben auch die Tschechen (voller Sicherheit) einen Vorwurf: „Sie reißt zunächst alles an sich, läßt mich blöd aussehen und dann schmeißt sie mir das auch noch vor. Das ist Arroganz!"

Unzufriedene Sekretärinnen

Eine deutsche Firma in Tschechien ist mit ihrem relativ neuen deutschen leitenden Chef in ein neues Gebäude in Tschechien umgezogen. Damit waren auch einige organisatorische und personelle Veränderungen verbunden. Der Umzug liegt nun schon ein paar Wochen zurück, aber zeitigt noch immer seine Spuren: Es klappt innerhalb der Firma noch nicht alles, wie es soll. So gibt es z.b. Ungereimtheiten dergestalt, daß noch immer die Sekretärinnen - es sind allesamt Tschechinnen - sich beispielsweise um Dinge wie die Postabholung, die Toiletten oder den Besucherempfang kümmern müssen, obwohl geplant ist, diese Aufgaben anderweitig zu regeln.

Die Sekretärinnen unterhalten sich immer wieder über diese zusätzliche Arbeit. Eines Tages sitzen etliche zusammen und plötzlich hat eine von ihnen die Idee, das, was sie ärgert, als Brief zu schreiben und den anderen Sekretärinnen zu schicken, wie auch dem (leitenden) deutschen Chef und ihren unmittelbaren tschechischen Chefs.

So erhält der deutsche Chef, Herr K., eines Tages einen geharnischten Brief, der von etlichen Sekretärinnen unterschrieben ist. Er ist eigentlich adressiert an die „Lieben Kolleginnen", aber zur Kenntnisnahme auch Herrn K. und allen Managern ins Fach gelegt. Die Sekretärinnen beschweren sich über die Zustände, daß es ihnen nun reiche, daß sie ausflippen würden mit diesen zusätzlichen Anforderungen, daß sie zum Bestreiken dieser Tätigkeiten, wie z.B. Toilettenpapier nachfüllen, Besucher vom Empfang abholen, gewisse Türen nach jedem Benutzer zu- und aufzusperren, die Küchen sauberzuhalten usw., aufforderten. Die Abhilfe, die ihnen nunmehr schon seit Wochen versprochen würde, träte nicht ein.

Als Herr K. diesen Brief liest, stockt ihm der Atem. Er muß an sich halten, um nicht vor Ärger zu brüllen. Denn Abhilfe für sämtliche Mißstände ist bereits eingeleitet und in ein paar Tagen müßte sogar schon die neue Angestellte, die dafür vorgesehen ist, ihre Arbeit antreten. Außerdem hatte er sich immer um einen offenen Kommunikationsstil und das Ernstnehmen von Beschwerden bemüht. Mehr noch, er dachte sogar, er sei in sehr vielen Belangen seinen Mitarbeitern sehr entgegengekommen (z.B. Verleihen der Dienstautos auch für einen privaten Zweck), hätte sich für sie eingesetzt (z.B. Gehaltserhöhung) und sie müßten doch bemerken, daß er es wirklich gut mit ihnen meint. In einem Wort: Er ist enttäuscht und tief getroffen von diesem Stil des Umgangs miteinander.

Herr K. läßt bewußt Zeit verstreichen, um nicht im Affekt zu reagieren. Dann setzt er ein Meeting für den übernächsten Tag an, an dem alle Sekretärinnen, alle Manager und er über diesen Brief sprechen werden.

Das Meeting nimmt folgenden Verlauf:

1. Herr K. erläutert, daß er sehr betroffen ist, und führt aus, warum. Dann legt er dar, daß dieser Brief formaljuristisch gleich mehrere Kündigungsgründe enthält - Aufforderung zum Streik, Verstoß gegen Sicherheitsbestimmungen, Besucherdienstverweigerung -, daß er aber an eine Kündigung nicht denkt, sondern an einer Zusammenarbeit weiterhin interessiert ist. Er hatte sie ja sogar für gut gehalten!

2. Dann läßt er sich die Beweggründe der Sekretärinnen schildern. Auch sie sind erschüttert und erschrocken, was ihr Brief ausgelöst hat. Sie sagen, daß diese zusätzlichen Arbeiten sie massiv in ihrer eigentlichen Arbeit behindern würden. Daß dieser Brief ein Brief zwischen ihnen, den Sekretärinnen, war. Sie dachten sich nur, sie wollten Herrn K. einen Blick in die Sekretärinnenseele erlauben und ihn über ihre Befindlichkeit informieren. Sie wollten auf keinen Fall eine solche Wirkung erzielen. Im Gegenteil, sie alle würden Herrn K. als Chef lieben.

3. Herr K. spricht nun die Dinge an, die auch er als Nicht-Sekretärinnen-Arbeit betrachtet und erklärt, wieweit die Abhilfemaßnahmen schon gediehen waren. - Die Sekretärinnen wußten das nicht, zumindest nicht alle, nicht offiziell, nicht in vollem Ausmaß.

4. Zum Schluß legt Herr K. klar, wie er sich künftig den Stil in seiner Firma vorstellt: Bei Problemen und Beschwerden sollen sich die Sekretärinnen an die Manager und ihn persönlich wenden. Seine Erwartung ist ganz klar: „Sie kommen und reden mit uns!"

Was war hier alles geschehen?

Analyse der Ausgangssituation:

Die tschechische Perspektive:

- Die Sekretärinnen hatten sicher schon viele Signale der Unzufriedenheit gesendet, aber darauf erfolgte keine Reaktion.

(Natürlich bedienten sie sich dazu vor allem diverser Kontext-Signale.)

- Jetzt kulminierte die Unzufriedenheit und entlud sich.

(Konfliktvermeidung: Stufe drei der Konflikteskalation - Explosion)

- Die Inhalte des Briefes waren tendenziell sekundär, es ging lediglich darum, sich den Unmut von der Seele zu schreiben.

(Aufgrund der Diffusion rational-emotional überlegten die Sekretärinnen nicht lange.)

- Die Sekretärinnen hätten dazu niemals ein Meeting einberufen, sondern nutzten ein zufällig zustandegekommenes Treffen.

(Diffusion: informell-formell)

- Die Schriftform erleichterte die Unmutsäußerung.

(Konfliktvermeidung bedeutet, daß peinliche Gespräche vermieden werden und stattdessen ein „Ersatzmittel" gefunden wird.)

Die deutsche Perspektive:

- Woher hätte der deutsche Chef wissen sollen, daß die Sekretärinnen derart unzufrieden sind, wenn sie ihm nie etwas *sagten*?

(Explizitheit: Sein schwacher Kontext läßt ihn nicht auf die Idee kommen, nach anderen Signalen zu suchen.)

- Durch die Art der Konfliktaustragung in Form eines schriftlichen Dokuments wurde die Situation als sehr ernst und der Konflikt als sehr fortgeschritten bewertet. Denn die Schriftform signalisiert Deutschen, daß ein massiver Konflikt vorliegt.

(Aufgrund ihres Sachbezugs und schwachen Kontexts - Direktheit - spielen schriftliche Dokumente eine wichtige Rolle. Dabei wird gleichzeitig unausgesprochen angenommen, daß das Fehlen einer vorherigen verbalen Auseinandersetzung auf eine fortgeschrittene Eskalationsstufe verweist.)

- Die Inhalte des Briefes wurden „wörtlich" genommen *(schwacher Kontext: Direktheit)* und zogen die Deutung „Kündigungsgrund" nach sich.

- Der deutsche Chef fühlte sich tief verletzt, weil er seine Aufgabe sehr ernst nahm *(regelorientierte Kontrolle: hohe Identifikation mit seinem Job)* und sich nicht nur inhaltlich engagierte, sondern auch personell für seine Mitarbeiter etliches getan hatte. Er dachte, mit diesen Signalen eine gute Beziehungsebene grundgelegt zu haben und hielt sein Bemühen aufgrund dieses Vorfalls für vergeblich.

(Definition der Beziehungsebene über die Sachebene, d.h. hier Ausfüllen der Rolle „Vorgesetzter" zugunsten der Mitarbeiter)

- Diese Verletzung läßt ihn die sachlich-rationale Ebene verlassen und personorientiert in Emotionen eintauchen.

(Gefühlsausbruch aufgrund der ausgeprägten regelorientierten Kontrolle = Identifikation mit seiner Chefrolle.)

Analyse des Meetings:

Die tschechische Perspektive:

- Dieses Meeting ist viel zu hochoffiziell! Warum wurden hier alle eingeladen? Es hätte gereicht, wenn Herr. K. mit den Sekretärinnen, die den Brief geschrieben haben, gesprochen hätte. Wozu noch die anderen Chefs? Das Meeting an sich in dieser formellen Form war eine riesige Strafe für das, was sie getan hatten.

(Die Sekretärinnen hätten eine informellere Konfliktbereinigung bevorzugt. Wenn es dem Chef wirklich ernst ist mit dem Ausräumen der Probleme, wäre das die bessere Alternative.)

- Die Emotionalität, der Herr K. hier zeigte, war zuviel. Das ist unnötiges Theater, eine Dramatisierung eines Vorfalls. Es hätte gereicht, wenn er einfach gesagt hätte, warum das jetzt alles solange gedauert hat und wie die Lösung aussehen wird. Sie haben den Brief doch nur aus einem Mißverständnis heraus geschrieben.

(Das Umkippen des Deutschen von der Rationalität auf eine derart heftige Emotionalität irritierte sehr und war völlig unverständlich und unerwartet.)

- Sie hätten Anerkennung für die geleistete Arbeit erwartet, denn sie hatten doch das alles immer gemacht!

(Die personorientierte Kontrolle braucht aufgrund der geringeren Identifikation mit der Sache mehr externale Bestätigung).

Die deutsche Perspektive:

- Das Meeting war für Herrn K. *die* Möglichkeit zur Konfliktklärung. Das war seine Weise, allen Beteiligten zu helfen und eine Lösung zu finden.

(Konfliktkonfrontation)

- Die Art und Weise der Konfliktlösung war *direkt und explizit* in der Form eines *formellen* Meetings nach einer „bewährten" *Struktur*:

    - Alle Betroffenen an einen Tisch,

    - die verschiedenen Perspektiven offenlegen,

    - Problemursachen erörtern,

- Abhilfemaßnahmen besprechen

- und Vereinbarungen treffen, damit sich derartiges nicht nochmals wiederholt.

- Das weist Herrn K. aus als einen sehr bemühten, partizipativen Chef, der fast „lehrbuchmäßig" eine deutsche Konfliktregulation einsetzte.

(Gemäß der regelorientierten Kontrolle ist er sehr gewissenhaft und nützt ein ihm dienlich erscheinendes, alle Seiten berücksichtigendes Schema zur Konfliktlösung.)

- Das Schuldeingeständnis der Sekretärinnen erleichterte ihm seine Nachsicht, denn, wenn einer seinen Fehler einsieht, kann vergessen und verziehen werden.

(Die prinzipielle Anerkennung der Regeln weist jemanden als gewissenhafte Person aus - in der Logik der regelorientierten Kontrolle).

5. Wege zum gemeinsamen Erfolg

In beruflichen Situationen sind Kulturen miteinander in Interaktion, da die Menschen konkrete Aufgaben zu erfüllen haben. Sie unterliegen dabei einer Fülle von Einflüssen und Zwängen, die sie trotz und mit ihren verschiedenen kulturellen Hintergründen bewältigen. Die spannende Frage ist nun, wie dies geschieht.

Auch wir wollen dieser Frage nachspüren und Ihnen Erfolgsmodelle der Kooperation zwischen Tschechen und Deutschen vorstellen. Unser Ziel bestand ja nicht darin, Ihnen so viele Unterschiede aufzuzeigen, bis Sie sich vor Problemen handlungsunfähig sehen, sondern - im Gegenteil - Ihnen durch viel Information über die andere Kultur eine Verständnis- und damit Verständigungsbasis an die Hand zu geben.

Interkulturalitätsstrategien

Bereits seit Jahren werden Beobachtungen gesammelt, was Personen, die über verschiedene Kulturen hinweg zusammenarbeiten, tun, wenn und damit sie hierbei erfolgreich sind. Eine Systematisierung der Befundlage ist bei Thomas & Schroll-Machl (1995) nachzulesen. Hier werden im wesentlichen drei Strategien unterschieden: Dominanz / Anpassung, Vermischung und Neuschöpfung. Zu ähnlichen Resultaten kommt Zeutschel (1998) in einem Stufenmodell der erfolgreichen Zusammenarbeit bikultureller Teams: (1) Dominanz /Anpassung, (2) Kombination im Sinne einer arbeitsteiligen Koaktion, (3) Integration im Sinne einer wechselseitigen Kontingenz, (4) Innovation.

Wir werden nun diese verschiedenen Strategien zur Meisterung der Interkulturalität darlegen. Dabei dient uns folgende Grafik zur Anschauung. Sie führt uns plastisch vor Augen, vor welcher Aufgabe wir jetzt stehen. Das Problem ist klar: Prinzipiell können die tschechischen oder die (west)deutschen Kulturstandards mehr oder weniger ausgeprägt zum Zuge kommen. Dabei stellt sich die Frage, inwieweit die jeweils anderen gleichzeitig Berücksichtigung finden. Somit ist das gesamte Feld aufgespannt: Dominanz ist dann gegeben, wenn WIR den Ton angeben und die ANDEREN sich anpassen; Anpassung, wenn es umgekehrt ist. Berücksichtigen wir die Kulturstandards beider, dann bewegen wir uns im Mittelfeld und zwar an dem Ort, der durch das Ausmaß der Beachtung unserer Kulturstandards bzw. der anderen anzugeben ist. Wir tummeln uns im Bereich des Kompromisses, der Kombination, der Integration.

WIR ↑ Dominanz　　　　　　　　　　Innovation

　　　　　　　Kombination　　Integration

　　　　　　　　Kompromiß
　　　　　　　　　　　Kombination

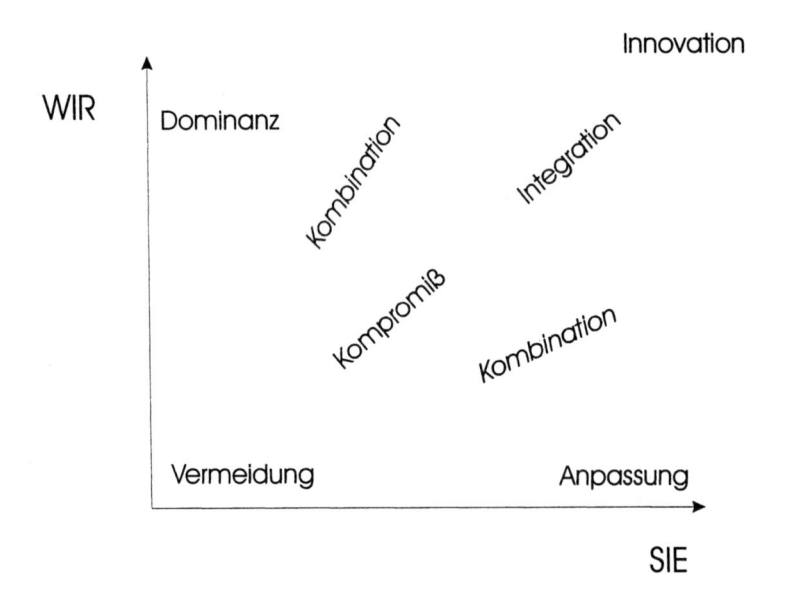

　　Vermeidung　　　Anpassung →

　　　　　　　　　　　　　　SIE

Abb. 4: Interkulturalitätsstrategien

a. Dominanz / Anpassung

Diese Strategie besagt:

Eine Kultur dominiert die andere Kultur. Die Kulturstandards einer Kultur werden als die bestimmenden angesehen - das ist die dominante Kultur. Der Verhaltensspielraum wird auf diese Kultur eingeschränkt und es gilt, sich deren Normen anzueignen und zu praktizieren. Die Anpassung der dominierten Kultur wird gefordert.

Im Modell der Oszillation hieße das, daß die dominante Kultur ihren Ort in der Nähe des von ihr bevorzugten Pols beibehält, daß sich aber die Oszillationen der dominierten Kultur vergrößern und Verhaltensweisen in Richtung des anderen Pols vermehrt gezeigt werden.

Unter folgenden Konstellationen ist diese Interkulturalitätsstrategie zu erwarten:

- Lebt eine Person im Ausland, dann bleibt ihr gar nichts anderes übrig, als sich den dortigen Normen zumindest partiell und soweit es für ihr (Über)Leben notwendig ist, anzupassen und kulturangemessenes Verhalten zu lernen.

- Kann die Zielerreichung nur durch ein der Fremdkultur angepaßtes Verhalten erfolgen, dann besteht ebenfalls die Bereitschaft zur Anpassung. Der Lernprozeß der Akkulturation erstreckt sich dabei auf den Erwerb von Kenntnissen und Fertigkeiten und umfaßt auch eine Veränderung von Einstellungen, Werthaltungen und Motivationen. Er bleibt aber auf die Bereiche beschränkt, deren Bedürfnisse nur durch Interaktion mit der Fremdkultur befriedigt werden können. In Feldern, in denen das bisherige eigenkulturell geprägte Verhaltensrepertoire eine ausreichende Bedürfnisbefriedigung sicherstellt, wird kaum eine Akkulturation erfolgen.

Anpassung / Dominanz hat ihren Preis:

Bei „Anpassung" als durchgängiger Strategie besteht die Gefahr, daß die Angehörigen der dominierten Kultur sich nicht nur 'anpassen', sondern ungute Gefühle ansammeln.

Ist die Anpassung erzwungen, kann es zu einer Revanche der dominierten Kultur kommen, wenn diese eine Möglichkeit dazu sieht. Darin besteht die Gefahr für den, der dominiert.

Erfolgt die Anpassung freiwillig, dann können sich diese Gefühle dennoch in diversen Formen entladen und sämtliche Phänomene des „Kulturschocks" sind nun beobachtbar.

Was geschieht?

Der sich Anpassende durchlebt im Prozeß der Anpassung Verunsicherung, Irritation und Enttäuschung. Die Qualität des Oszillierens ist nämlich nicht über die ganze Bandbreite des durch die Pole aufgespannten Spannungsfeldes hinweg gleich. In dem Bereich, in dem man selbst meistens oszilliert, kennt man alle Nuancen. Diesen Bereich beherrscht man. Die anderen Bereiche sind einem viel fremder und unvertrauter, man kennt sie nur rudimentär. Man kann aufgrund der mangelhaften Übung im Verhaltenssektor am Gegenpol die Spielräume, Feinheiten, Nuancen nicht nutzen, die die Fremdkultur hinsichtlich der betreffenden Handlungsweise bieten würde, weil man sie nicht weiß, weil man sie nicht „fühlt", weil man die Toleranzen für bestimmte Verhaltensweisen nicht kennt. Moosmüller (1997) beschreibt dieses Phänomen auf einer individuellen, intrapsychischen Ebene als eine gewisse innere Gespaltenheit so: Ein erfahrener Entsandter beispielsweise kennt die Erscheinungsformen der Fremdkultur und kann sie 'nachmachen'. Seine Verhaltensebene kann somit durchaus fremdkulturell bestimmt sein, d.h. er kann sich 'angepaßt' haben. Seine Verstehensebene bleibt aber weithin eigenkulturell strukturiert. Es werden in ihm nun ambivalente Gefühle und Einstellungen erzeugt, weil er sich bemüht, aber aufgrund beispielsweise seiner unvollkommenen Verhaltensweisen und seiner (eigenkulturellen) Erwartungen, die er mit diesem Verhalten verbindet, ständig irritiert, verunsichert und enttäuscht bleibt. Denn sein Bemühen um ein Oszillieren in Richtung auf den anderen Pol wird nicht belohnt, weil aus der Perspektive des Gegenpols nur die Unvollkommenheit dieses Bemühens gesehen wird, nicht das Ausmaß des Weges, den die Person schon als Schritt auf die andere Seite hin getan hat.

Richtig negative Konsequenzen zieht dieses Verhalten dann nach sich, wenn es sich gar um eine „Überanpassung" handelt, d.h. wenn die Oszillation über den Erwartungswert des Partners hinausgeht, der das dann als unangenehm empfindet und sich wehrt.

Bedingungen für ein Funktionieren der Strategie Anpassung/Dominanz:

1. Anpassung funktioniert dann und in den Bereichen relativ ressentimentfrei und effektiv, in denen

- die Dominanz so transparent wie möglich gemacht wird (deshalb legten wir Ihnen das Erklären Ihrer unabdingbaren Zwänge und zentralen Prioritäten stets so ans Herz) und

- die Art und Weise, die Notwendigkeit und der Vorteil einer Akkulturation eingesehen werden kann.

2. Anpassung/Dominanz muß ergänzt werden durch

- Sensibilität bzgl. der „Schmerzgrenzen" der anderen Kultur (hier ist innezuhalten!)

- Anerkennung und Kompensation der Anpassungsleistung und

- andere, hier vorgestellte Strategien.

3. Hilfreich sind Konsensentscheidungen, wer wann wen weshalb dominiert bzw. wer sich wann wem weshalb anpaßt. Wechselseitigkeit ist das Zauberwort!

4. Akkulturation erfolgt soweit, daß „unverzeihliche" Fehler vermieden werden können. Sie hat aber dort ihre Grenze, wo man sich selbst verleugnen und gegen eigene tief verwurzelte, wertbehaftete Prinzipien verstoßen müßte.

5. Voraussetzung ist immer, daß man die Unterschiede erkennt, denn nur dann bleibt Orientierung erhalten. (Deshalb beschrieben wir die Kulturstandards so ausführlich.)

Aber dieses Wissen hilft auch nur dann, wenn die eigene Erwartung geändert wird! Denn nur dann kann der oben beschriebene Enttäuschungsprozeß verringert werden!

Gefahren schlummern, (1) wenn es sich nur um eine einseitige Anpassung handelt. (2) Wenn die dominante Gruppe bewundert wird und die dominierte Gruppe ein ausgeprägtes Anpassungsstreben zeigt.

Aus den genannten Gründen ist es uns wichtig festzuhalten, daß Anpassung und Dominanz eine „Rückfallstrategie" darstellen sollen, d.h. daß beides von beiden Partnern geleistet werden muß.

b. *Vermischungsmodelle*

Etliche weitere Modelle können als „*Vermischungsmodelle*" bezeichnet werden. Sie zeichnen sich dadurch aus, daß die divergierenden Elemente der *beiden* Kulturen *gleichzeitig* beibehalten werden und versucht wird, eine gemeinsame Basis zu finden: Man ist bemüht, die Verschiedenheit gleichzeitig zu leben und zum Tragen kommen zu lassen. Alle diese Modelle beruhen auf „cultural awareness", also dem Bewußtsein um die Kulturunterschiede und dem Akt, sie auszubalancieren. Die erlebte Qualität variiert dabei im Grad der Erlaubnis, wie weit die eigenen Kulturstandards gelebt werden dürfen oder inwiefern man bewußt Abstriche an seinen Erwartungen und Ansprüchen machen muß.

Verschiedene Spielarten sind möglich:

Kompromiß:

Wenn die Partner einen Kompromiß herbeiführen, suchen sie den (kleinsten) gemeinsamen Nenner: Man kennt und schätzt die Ähnlichkeiten und Gemeinsamkeiten der beiden beteiligten Kulturen und benutzt dieses Wissen, innerhalb dieser Grenzen sein Verhalten aufzubauen ohne Präferenz für eine Kultur. Die Partner beschränken sich damit auf das Verhalten, das prinzipiell beiden Kulturen eigen ist und setzen es bewußt ein.

Ein Kompromiß birgt zwei Gefahren:

- Auf Dauer bleiben auch bei Kompromißlösungen viele Elemente und Fähigkeiten einer Kultur ungenutzt und brach liegen. Damit können sich auch Ressentiments ansammeln und es kann zur selben Situation wie bei reiner Dominanz kommen.

- Dem anderen „auf halbem Weg entgegenkommen" kann auch heißen, daß man einen „faulen Kompromiß" schließt, sich vorschnell mit suboptimalen Lösungen begnügt oder gar sich auf Vereinbarungen einigt, die sich in ihren Wirkungen gegenseitig massiv beeinträchtigen (bis aufheben). Die Unzufriedenheit läßt dann nicht lange auf sich warten.

In der Sprache des Oszillationsmodells hieße das: Das gezeigte Verhalten kann sich vermehrt im Bereich zwischen zwei Polen befinden. Man bewegt sich im Überlappungsbereich der Oszillationen.

„Cultural awareness" als Kombination und Integration:

Kombination und Integration sind davon gekennzeichnet, daß jeder Beteiligte um die eigenen und um die fremden kulturspezifischen Muster des Denkens, Fühlens, Wahrnehmens und Verhaltens weiß, Wertschätzung und Einfühlsamkeit für beide Kulturen zeigt sowie aufmerksam das Auftauchen kultureller Unterschiede verfolgt. Nun wird versucht, zugunsten der Zielerreichung in einer bestimmten Situation situativ Einigungen herbeizuführen, d.h. mit Einsicht in die kulturellen Besonderheiten die anstehende Aufgabe zu meistern.

Zeutschel (1998) differenziert Kombination und Integration so:

- Bei der *Kombination* macht jeder das, was er gut kann. Sozialpsychologisch ist das als „Koaktion", d.h. Arbeitsteilung, bekannt. In unserem Modell wäre das die gleichzeitige Dominanz beider Seiten aufgrund einer diesbezüglichen Übereinkunft, wer was tut. Die Voraussetzung dafür ist, daß man die Stärken der beiden Kulturen kennt und als solche beurteilt. Eine Gefahr besteht darin, daß der Kontakt zwischen den Kulturen vermieden wird.

- *Integration* ist dann gegeben, wenn wichtige Verhaltenselemente beider Partner ineinandergreifend und sich ergänzend gemeinsam und gleichzeitig gelebt werden. In der Terminologie der Sozialpsychologie spricht man hier von wechselseitiger Kontingenz. Die Voraussetzungen hierfür sind, daß man den Nutzen dieser Elemente erkennt und die Verschiedenheit voneinander wirklich wertschätzt.

Diese Interkulturalitätsstrategien können manchmal als Zufallstreffer glücken. Im vorsätzlichen Idealfall machen sich die Partner kulturelle Eigenheiten und Verschiedenheiten bewußt und entwickeln füreinander Verständnis. Jeder ist offen für die "cultural self-awareness", also für seine kulturspezifischen Muster des Denkens, Fühlens, Wahrnehmens, Verhaltens und für die entsprechenden Muster des Partners. Beide Seiten machen ihr Verhalten transparent und eröffnen sich somit die Chance voneinander zu lernen. Dazu spielt Metakommunikation (in welcher Form auch immer) eine wichtige Rolle.

Bei dieser Interkulturalitätsstrategie besteht eine Koexistenz der Kulturen im Sinne einer Art Bikulturalität: Die Vertrautheit miteinander ist so weit gediehen, daß man voneinander viele Muster kennt, zulassen und aushalten, ja zum Teil sogar mitmachen kann. Und nun ist man in der Lage, je nach Situation (gemeinsam) zu entscheiden, wann sich wer nach welchem Muster verhält. Beide Partner oszillieren um jeweils ihren Pol, können aber die Aktivierung des Musters des Gegenpols zulassen, ohne sich bedroht zu fühlen.

Entscheidend an allen Vermischungsmodellen ist: Wie in einer guten Ehe, kann der Erfolg sich einstellen, wenn und weil die Verschiedenheit erhalten bleibt und damit der Gemeinschaft der jeweiligen Partner unterschiedlichen Stärken zur Verfügung stehen. Interkultureller Erfolg heißt nicht, aufzuhören tschechisch zu sein oder deutsche Eigenarten abstreifen zu wollen, sondern zu bleiben, der man ist, und die Verschiedenheit zielgerichtet, bewußt und mit Rücksicht aufeinander zu leben!

c. Innovation / Synergie

Die Partner definieren die Situation, in der sie stehen, neu. Sie gehen dabei von ihrem jeweils kulturspezifischen Verständnis und ihrer jeweiligen kulturspezifischen Bewertung der Situation aus, benennen die Konflikte, Perspektiven, Vermutungen und zugrundeliegenden Werte, sowie die Unterschiede und Gemeinsamkeiten der beiden Auffassungen. Nun strukturieren sie die Elemente, die ihrer jeweiligen Bewertung zugrundeliegen, um und suchen nach einer neuen, kreativen Lösung, die ihre Ansprüche erfüllt. Sie verlassen damit das Feld des Vertrauten, Bekannten und Üblichen, erkennen gemeinsame Gestaltungsfreiräume und nutzen sie, aber sie nehmen die Bedürfnisse jeder der beteiligten Kulturen ernst. Es wird hierbei nichts aufgegeben und es geht nichts verloren, was für die beteiligten Kulturen wesentlich ist. Beide Interaktionspartner erweitern vielmehr ihr Verhaltensrepertoire um eine neue Verhaltensmöglichkeit. Aus einer synergetischen Lösung kann somit nicht mehr auf die ihr zugrundeliegenden Verhaltensmuster geschlossen werden.

Die Voraussetzungen für Innovation / Synergie:

- Innivative Lösungen erfordern ein hohes Maß an Cultural Awareness,

- sie sind nur dann praktikabel, wenn kein Machtkampf tobt,

- sie bedürfen etlicher Bedingungen, die Innovationen geradezu verlangen, wie z.b. Konflikte, neue Stimuli, Hinweise auf vorhandene Vielfalt, gutes Gruppenklima, Aufbruchsstimmung, strukturelle Unterstützung.

In unserem Modell verorten wir „Innovation" außerhalb des Spannungsfeldes, weil sie sich ja eben nicht im Rahmen des Verhaltens bewegt, das „normalerweise" durch die Kulturstandards vorgezeichnet ist, sondern diesen Rahmen sprengt.

d. Vermeidung

Den Deutschen möchten wir noch eine Strategie nennen, die sich zwar nur in wenigen Fällen, aber vielleicht in entscheidenden, bewährt: Vermeidung. Definiert ist sie so, daß die handelnde Person eben nichts tut, nichts sagt, nicht reagiert, nicht kritisiert, nicht aktiv wird, sondern sich zurückhält, schweigt und passiv verharrt. Sie tritt den (zeitweisen) physischen oder psychischen Rückzug an. Damit wird ein Konflikt vermieden, die nächste Eskalationsstufe nicht provoziert oder die Spannung nicht verstärkt. Ein Innehalten ist Deutschen öfters anzuraten und eine Überprüfung der Prioritäten und Dringlichkeiten: Ist eine Forcierung, ein Kommentar, eine Beschwerde, ein Konflikt hier nötig, wichtig, dienlich? Oder vergiftet das nicht unnötig die Beziehung und ist damit kontraindiziert? Wegen der Konfliktkonfrontation und der Direktheit zerbrechen Deutsche manchmal - sachlich gesehen - unnötig Porzellan. Eine Strategie der gelegentlichen maximalen Zurückhaltung kann dagegen deeskalierend wirken und damit viel produktiver sein.

Die Dynamik der Interkulturalitätsstrategien

Es gibt nicht *die* Strategie, wie Kooperation gelingt. Das hängt analog unserem Wirkdreieck Person-Situation-Kultur (vgl. Kapitel 1) maßgeblich von der Situation (der Aufgabe, dem vorhandenen Spielraum usw.) und den beteiligten Personen ab. Im Gegenteil, es stellte sich immer wieder heraus: Am erfolgreichsten waren die Teams, die sich tatsächlich des gesamten Felds an Interkulturalitätsstrategien bedienten, also so flexibel waren, daß sie je nach Situation Dominanz/Anpassung oder Kompromiß oder Kombination/Integration oder Innovation einsetzten.

Und ganz offensichtlich ist das auch ein zeitlicher Lernprozeß. Am Beginn der Kooperation steht stets der Kampf um Dominanz (Phase 1). Je mehr man einander kennt und vertraut, umso eher läßt man sich auf einen Kompromiß ein (Phase 2). Und wenn eine partnerschaftliche, einander wertschätzende Ebene installiert ist, dann können Modelle der Kombination und Integration, seltener auch der Innovation gewagt werden (Phase3).

Wie wir gesehen haben, gibt es also keinen Königsweg zur interkulturellen Kooperation, sondern eröffnet sich vor unseren Augen vielmehr ein ganzes Feld, in dem konkrete Personen - Tschechen und Deutsche - konkrete Lösungen für konkrete Situationen finden können. Der interkulturelle Dialog ist also unvermeidbar und, wie wir meinen, wünschenswert zugleich. Soll ein solcher Dialog fruchtbar werden, so muß er stets auf gegenseitiger Anerkennung beruhen, auch und gerade dann, wenn der andere den eigenen Maßstäben nicht gerecht wird. Wir wollen Deutungshilfen anbieten, weswegen sich „Ihr Tscheche" und „Ihr Deutscher" so verhalten, sodaß Sie den Dialog aufnehmen können. Die bequemste Variante im Fall von Mißverständnissen wäre es, den Dialog zu vermeiden; die gefährlichste ihn einseitig dominieren zu wollen; die mühsamste dagegen ist es, sich daran zu wagen, die eigenen und fremden Maßstäbe zu verstehen. Wir optieren für die langsame, mühsame und schwierige, aber dauerhaft tragfähige Variante.

Nachwort

Daß diese Ergebnisse so, wie sie hier vorliegen, entstehen konnten, verdanken wir vielen: Prof. Gerhard Fink, der den Anstoß zu diesem Forschungsprojekt gab; sämtlichen Interviewpartnern, die sich Zeit genommen hatten, uns über ihre Erfahrungen zu berichten; allen Informanden, die uns die deutsche bzw. tschechische Perspektive für die gesammelten Erfahrungen erläuterten; allen Teilnehmern an unseren Seminaren, die uns durch ihre Offenheit einen Einblick in ihre Schwierigkeiten und ihre Wege, diese zu meistern, gewährt haben; Kollegen, Bekannten, Freunden und Familienangehörigen, die das Werden des Buches miterlebt und durch anregende Diskussionsbeiträge, fruchtbare Hinweise, ermutigenden Zuspruch sowie Zurückhaltung eigener Ansprüche unterstützt haben.

Um deutschen und tschechischen Lesern gleichermaßen gerecht zu werden, haben wir das Buch zweimal geschrieben. Die hier vorliegende Fassung ist nicht nur in deutscher Sprache abgefaßt, sondern hat auch vorwiegend ein deutsches Publikum vor Augen. Die tschechische Version in tschechischer Sprache wendet sich an eine tschechische Leserschaft:

Interkulturní komunikace v řízení a podnikání

Ivan Nový & Sylvia Schroll-Machl (1999). Praha: Management Press.

Gemischten Teams empfehlen wir beide Varianten, damit jeder sich in seiner Sprache und in seiner Weise mit den deutsch-tschechischen Kulturunterschieden auseinandersetzen kann.

Da wir selbst als deutsch-tschechisches Team arbeiten, wissen wir, wovon wir reden und wie sehr das Wissen, das wir hier darstellen, die Bewältigung auftauchender Probleme und die Festigung der Kooperation unterstützt.

Nun bleibt uns nur noch, Ihnen eine sachlich erfolgreiche und persönlich angenehme deutsch-tschechische Zusammenarbeit zu wünschen!

Literaturverzeichnis

Boesch, E.E. (1980). Kultur und Handlung. Bern: Huber.

Demorgon, J. & Molz, M. (1996). Bedingungen und Auswirkungen der Analyse von Kultur(en) und interkulturellen Interaktionen. In: A. Thomas (Hrsg.), Psychologie interkulturellen Handelns, Göttingen: Hogrefe, S. 43-86.

Hall, E. & Hall, M. (1989). Understanding cultural differences.Yarmouth, Maine: Intercultural Press.

Jarosová, E., Kasparová, E., Komarková, R., Nový, I., Pavlica, K. & Surynek, A..Die tschechische Kultur im Kontext des Organisations- und Arbeitslebens. Typologien, Präferenzen und Tendenzen im Denken und Verhalten von Mitarbeitern und Führungskräften. In: O. Rösch (Hrsg.), Stereotypisierung des Fremden. Auswirkungen in der Kommunikation, Wildauer Schriftenreihe Interkulturelle Kommunikation, Band 4, Berlin: News & Media. *(im Druck)*

Krewer, B. (1996). Kulturstandards als Mittel der Selbst- und Fremdreflexion in interkulturellen Begegnungen. In: A. Thomas (Hrsg.), Psychologie interkulturellen Handelns, Göttingen: Hogrefe, S. 147-164.

Kroeber, A.A. & Kluckhohn, C. (1952). Culture: a critical review of concepts and definitions. Cambridge, MA: Peabody Museum.

Lamnek, S. (1995 [3]). Qualitative Sozialforschung. Bd.2. Methoden und Techniken. München: PVU.

Mayring, P. (1996 [3]). Einführung in die qualitative Sozialforschung. München: PVU.

Molz, Markus (1994). Analyse kultureller Orientierungen im deutsch-französischen Dialog. Universität Regensburg: Unveröff. Diplomarbeit.

Moosmüller, A. (1997). Kulturen in Interaktion. Deutsche und US-amerikanische Firmenentsandte in Japan. Münster: Waxmann.

Nový, I., Komarková, R., Pavlica, K., Schroll-Machl, S. & Surynek, A. (1996).Interkulturální management. Lidé, kultura a management. Praha: Vydala Grada.

Nový, I. & Schroll-Machl, S. (1999). Interkulturní komunikace v řízení a podnikání. Praha: Management Press.

Rieger, C. (1991). Analyse der Handlungswirksamkeit von Kulturstandards in arbeitsbezogenen Interaktionen zwischen Ost- und Westdeutschen. Regensburg: Unveröff. Diplomarbeit.

Rosch, E. & Lloyd, B.B. (Eds.). (1979). Cognition and categorization. Hillsdale.

Rust, H. (1983). Inhaltsanalyse. Die Praxis der indirekten Interaktionsforschung in Psychologie und Psychotherapie. München.

Schroll-Machl, S. (1996). Was blieb vom Sozialismus der DDR? Sozialismusspezifische Werthaltungen in neuen deutschen Unternehmen und Antworten westlicher Unternehmen. In: Ostpanorama, Sonderausgabe 19/96, Personalführung in Mitteleuropa, Wien, Linz, November 1996, S. 27-35.

Schroll-Machl, S.. Kulturelle Divergenzen in der (west)deutsch-tschechischen Wirtschaftskooperation - Westdeutsche und tschechische Kulturstandards im Vergleich. Universität Regensburg: Dissertation. *(in Vorbereitung)*

Schroll-Machl, S. & Nový, I.. Schlitzohrige Tschechen und herrschsüchtige Deutsche - Was ist dran an den deutsch-tschechischen Stereotypen? In: O. Rösch (Hrsg.), Stereotypisierung des Fremden. Auswirkungen in der Kommunikation, Wildauer Schriftenreihe Interkulturelle Kommunikation, Band 4, Berlin: News & Media.*(im Druck)*

Tajfel, H. (1982). Gruppenkonflikt und Vorurteil. Entstehung und Funktion sozialer Stereotype. Bern: Huber.

Thomas, A. (Hrsg.) (1988). Interkulturelles Lernen im Schüleraustausch. SSIP-Bulletin Nr. 58. Saarbrücken: Breitenbach.

Thomas, A. & Schroll-Machl, S. (1995). Information und Training als Vorbereitung für den Auslandseinsatz: Ein systematisches Konzept für die Entsendungspraxis multinationaler Unternehmen. In: J. Berthel & H. Groenewald (Hrsg.), Handbuch Personal-Management, moderne industrie, S. 1-32.

Thomas, A. (Hrsg.) (1996). Psychologie interkulturellen Handelns. Göttingen: Hogrefe.

Thomas, A. (1999). Kultur als Orientierungssystem und Kulturstandards als Bauteile. In: IMIS-Beiträge, Heft 10, Osnabrück: Rasch, S. 91-130.

Tromenpaars, F. (1993). Handbuch globales managen. Düsseldorf: Econ.

Turner, J. (1978). Social comparison, similarity and ingroup favorism. In: H. Tajfel (Ed.), Differentiation between social groups, London: Academic Press.

Zeutschel, U. (1998). Kooperation in internationalen Teams - Potentiale, Beobachtungen, Empfehlungen. Projektinformation 3 (Abschlußpräsentation), Universität Regensburg: Unveröff. Arbeitspapier des Forschungsprojekts Interkulturelle Synergie in Arbeitsgruppen.

Zu den Autoren:

Sylvia Schroll-Machl hat sich als Diplom-Psychologin auf das Gebiet der Interkulturellen Psychologie und des Interkulturellen Managements spezialisiert. Sie ist eine der führenden Interkulturellen Trainer/innen. In Zusammenarbeit mit verschiedenen Partnern bietet sie Unterstützung bei Fragen der Internationalisierung – insbesondere im Management der Human Resources – in Form von Trainings, Beratungen und Coachings an. Einer ihrer Schwerpunkte sind dabei die Länder Mittel- und Osteuropas. Sie arbeitet in Deutschland und Österreich für zahlreiche große Unternehmen, Institutionen und Ministerien, außerdem ist sie in universitären Forschungsprojekten und als Dozentin an diversen Hochschulen tätig.

Prof. Ing. **Ivan Nový**, CSc. ist Professor für Psychologie und Soziologie im Management (Fakultät für Betriebswirtschaft) an der Wirtschaftsuniversität Prag. Seine Schwerpunkte sind psychologische und soziologische Aspekte der Unternehmens- und Personalführung sowie Interkulturelles Management. Er ist Autor diverser Bücher in diesem Feld. Daneben arbeitet er freiberuflich als Berater und Managementtrainer, vorwiegend im Bereich von Human Resources.

Als **Trainertandem** führen Sylvia Schroll-Machl und Ivan Nový regelmäßig deutsch-tschechische interkulturelle Trainings durch für viele namhafte Firmen (u.a. Skoda, VW, Bosch, Bayernwerk, Messe Düsseldorf) und Institutionen (z.B. Goethe-Institut, Bundesverband deutscher Unternehmer in der tschechischen Republik).

E-mail: S.Schroll-Machl.R.Machl@t-online.de oder NOVY@VSE.CZ

Tel.: ++49 (0)991 8731 oder ++420 (0)2 2409 5323

Journal for East European Management Studies (JEEMS)

Editor-in Chief/Herausgeber:	R. Lang, TU Chemnitz-Zwickau
Editorial Board/Herausgeberrat:	M. Dobák, Budapest Univ. of Econ. Sciences
	U. Gehmann, Universität-GH Wuppertal
	G. Hollinshead, Bristol Business School
	C. Morgenstern, TEQ GmbH Chemnitz
	I. Novy, University of Economics Prague
	S.A. Sackmann, UdB München
	D. Wagner, Universität Potsdam
Coordinator/Koordinator:	T. Steger, TU Chemnitz-Zwickau

Rainer Hampp Verlag

The Journal for East European Management Studies (JEEMS) is designed to promote a dialogue between East and West over issues emerging from management practice, theory and related research in the transforming societies of Central and Eastern.
It is devoted to the promotion of an exchange of ideas between the academic community and management. This will contribute towards the development of management knowledge in Central and East European countries as well as a more sophisticated understanding of new and unique trends, tendencies and problems within these countries.
Management issues will be defined in their broadest sense, to include consideration of the steering of the political-economic process, as well as the management of all types of enterprise, including profit-making and non profit-making organizations.
The potential readership comprises academics and practitioners in Central and Eastern Europe, Western Europe and North America, who are involved or interested in the management of change in Central and Eastern Europe.
JEEMS is a refereed journal which aims to promote the development, advancement and dissemination of knowledge about management issues in Central and East European countries. Articles are invited in the areas of Strategic Management and Business Policy, the Management of Change (to include cultural change and restructuring), Human Resources Management, Industrial Relations and related fields. All forms of indigenous enterprise within Central and Eastern European will be covered, as well as Western Corporations which are active in this region, through, for example, joint ventures. Reports on the results of empirical research, or theoretical contributions into recent developments in these areas will be welcome.

The Journal for East European Management Journal (JEEMS) is published four times a year. The subscription rate is EURO 45,00 including delivery and value added tax. Subscription for students is reduced and available for EURO 22,50. For delivery outside Germany and additional EURO 4,00 are added. Cancellation is only possible six weeks before the end of each year. Single issues of JEEMS may be obtained at EURO 14,80.